Florale STICKEREI

Blumen- und Pflanzen-Motive für den Stickrahmen

CV

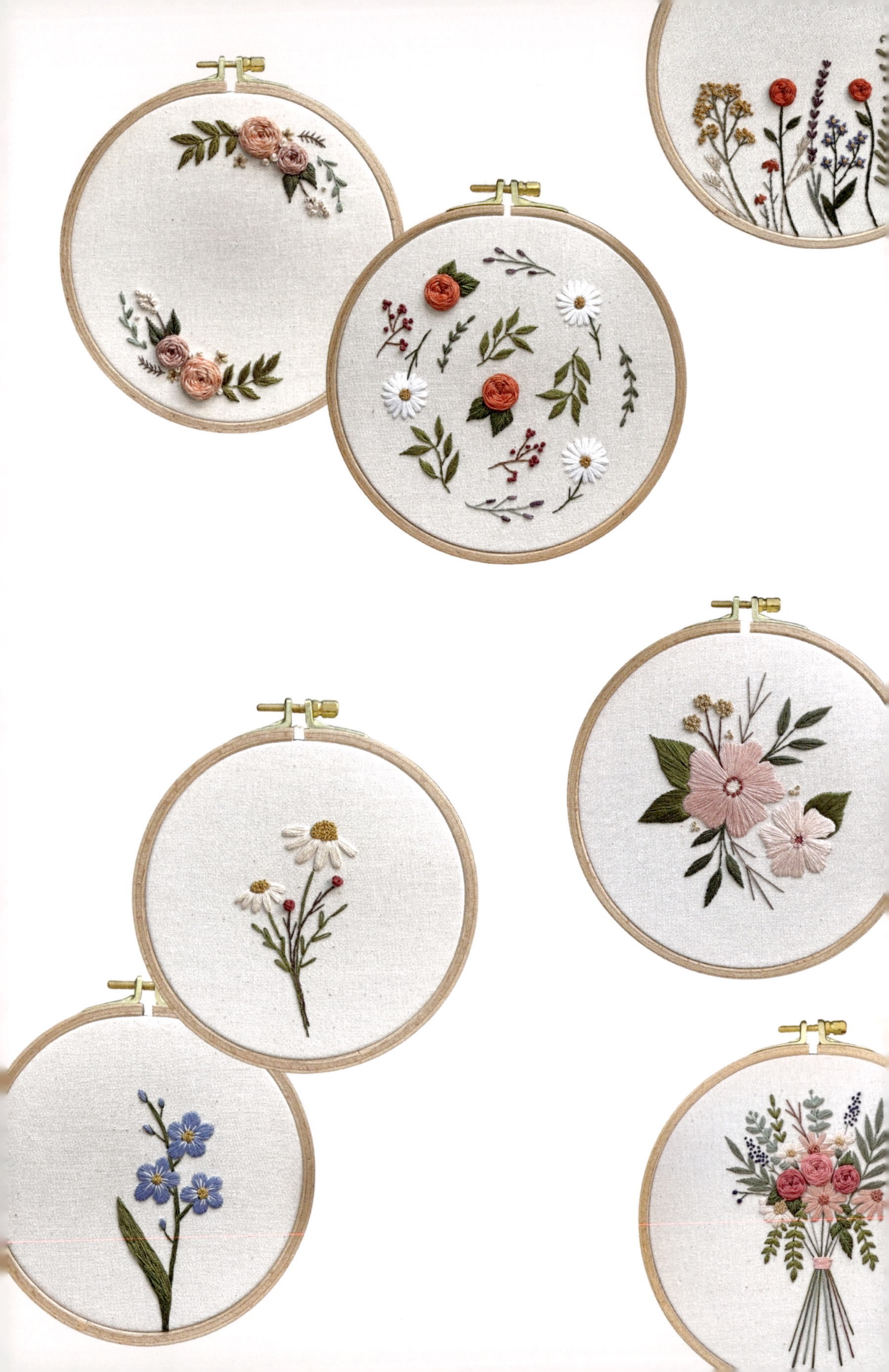

Inhalt

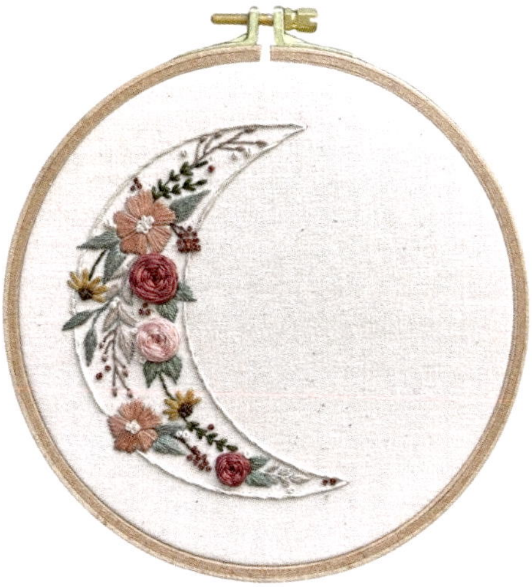

ÜBER DIE AUTORIN

GRUNDLAGEN

PROJEKTE

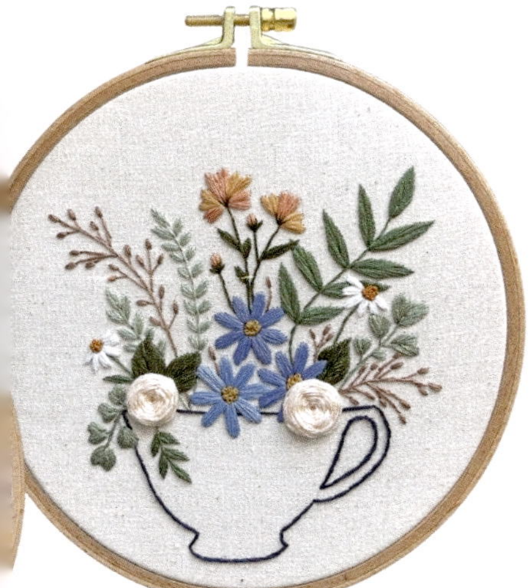

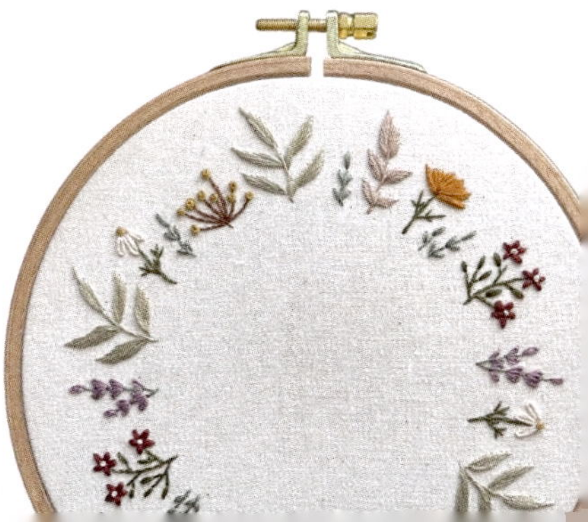

Über die Autorin

WER STECKT HINTER MAMA_STICKT?

Mein Name ist Christiane, ich arbeite hauptberuflich als Erzieherin und bin Mutter von zwei wundervollen Kindern. Ich hatte immer schon das Bedürfnis, Kreatives mit meinen Händen zu schaffen, aber kaum ein Hobby begeisterte mich langfristig. In meiner zweiten Elternzeit entdeckte ich durch Zufall das moderne Sticken für mich. Dieses Hobby verfolge ich nun seit drei Jahren mit voller Leidenschaft und Hingabe. Das moderne Sticken bietet mir nicht nur den Raum, mich kreativ auszuleben, sondern gibt mir auch die Möglichkeit, mich dem Alltag zu entziehen und zu entspannen. Zu sehen, wie sich ein Stickmotiv von der Idee zur digitalen Skizze und schließlich zum Stickmotiv auf dem Stoff entwickelt, ist pure Begeisterung für mich. Diese Liebe zur Stickkunst teile ich unter dem Künstlernamen Mama_stickt auf Social Media. Menschen mit meinen Stickereien positiv zu berühren, zu begeistern oder zu inspirieren, motiviert mich stets, mit meiner Kunst weiterzumachen und immer wieder neuen Stick-Content zu kreieren. Der Fokus meiner Stickarbeiten liegt hauptsächlich auf floralen Motiven. Ich liebe Blumen und baue diese gerne in unterschiedlichen Formen ein. Ob klassisch als üppigen Blumenstrauß oder rankend aus einer Tasse, Hauptsache, es blüht!

BESUCH MICH AUF INSTAGRAM
@Mama_stickt

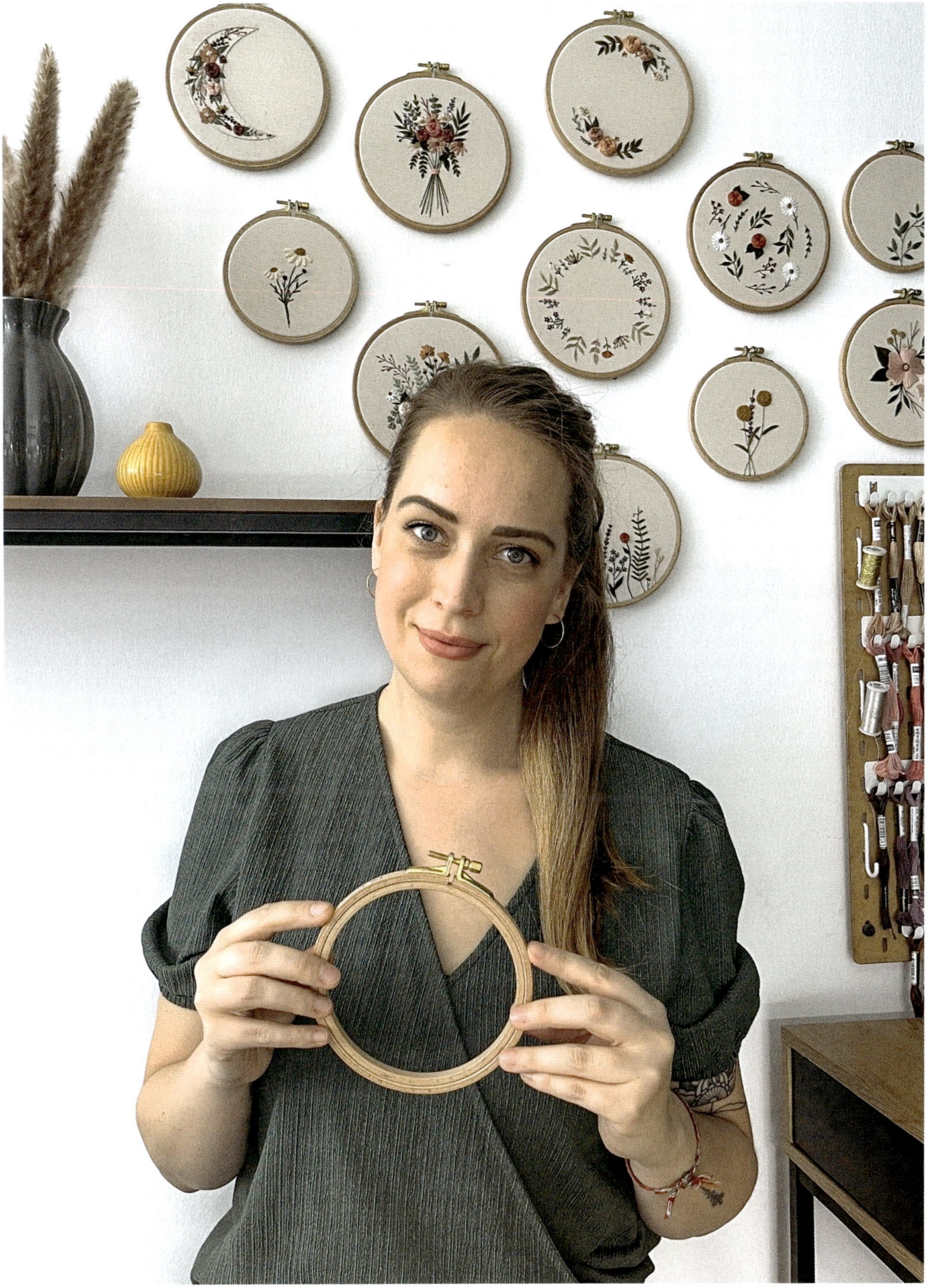

Grundlagen

STOFFAUSWAHL

Gutes und vor allem passendes Material ist der Weg zu einem schönen Stickergebnis! Folgendes solltest du wissen:

Nesselstoff

Nesselstoff ist ein leichter, dünner Baumwollstoff mit einer glatten Oberfläche. Er ist preiswert und vielseitig und leicht zu besticken. Der Stoff ist dünn genug, um dein Stickmotiv mithilfe einer Lichtquelle auf den Stoff zu übertragen, aber dicht genug, damit er stabil bleibt. Allerdings hat er den Nachteil, dass er aufgrund seiner dünnen Struktur leicht transparent ist und kleine Makel oder Fadenenden zum Schluss durchschimmern. Nimmst du den Nesselstoff zum Sticken zweilagig, kannst du diese Probleme umgehen.

Baumwollstoff

Baumwollstoff ist zum Sticken beliebt. Es gibt ihn in vielen verschiedenen Farben und Mustern, was es einfach macht, den perfekten Stoff für jedes Stickprojekt zu finden. Er ist leicht zu bearbeiten und Stiche halten gut, da der Baumwollstoff in der Regel eng gewebt ist und eine glatte und stabile Oberfläche bietet. Dadurch kann man die Sticknadel präzise in den Stoff stechen und die Stiche eng beieinander platzieren. Somit erhältst du ein sauberes Stickergebnis, was bei sehr grob gewebten Stoffen eher schwierig ist. Bei hohen Temperaturen kann Baumwollstoff schrumpfen, was du beachten solltest, falls du den Stoff vor dem Sticken waschen möchtest.

Canvas

Canvas ist ein schwerer Stoff aus Baumwolle oder auch aus anderen Naturmaterialien, der sich gut zum Sticken eignet. Er ist robust und widerstandsfähig, sodass er leicht in den Stickrahmen eingespannt werden kann und hält. Da Canvas zudem dicht gewebt ist, eignet er sich für detaillierte Muster. Allerdings ist er etwas schwieriger zu besticken als leichtere Stoffe. Eine etwas dickere Sticknadel kann helfen. Außerdem braucht man zum Übertragen des Stickmotivs Hilfsmittel wie z. B. wasserlösliches Stickvlies, da der dicht gewebte Stoff nur schwer mit einer Lichtquelle zu durchleuchten ist.

Leinen

Leinenstoff ist ein natürlicher Stoff, der aus der Flachspflanze gewonnen wird. Er ist bekannt für seine Festigkeit und Haltbarkeit. Da er eine glatte und gleichmäßige Oberfläche hat, lässt sich die Nadel leicht einstechen. Aufgrund seiner natürlichen Festigkeit behält Leinen seine Form und kann fest in den Stickrahmen eingespannt werden. Leider ist Leinenstoff oft etwas teurer als andere Stoffarten. Zudem ist er anfälliger für Falten, was beim Sticken beachtet werden sollte. Wenn man sich aber die Zeit nimmt, den Stoff sorgfältig zu bügeln und zu glätten, bevor man mit dem Sticken beginnt, sollte das kein großes Problem darstellen. Grundsätzlich ist Leinen eine ausgezeichnete Wahl für Stickprojekte, bei denen man einen langlebigen, hochwertigen und eleganten Look erzielen möchte.

MATERIAL & ZUBEHÖR

Stickgarn

Stickgarn ist spezielles Garn, das aus sechs einzelnen, teilbaren Fäden besteht. Einen Strang bezeichnet man als Docke. Je weniger Fäden du für ein Stickmotiv nutzt, desto filigraner wird die Arbeit. Stickgarn ist in vielen verschiedenen Farben erhältlich und kann aus Baumwolle, Seide, Wolle oder synthetischen Materialien hergestellt werden. Ich nutze für die Projekte in diesem Buch ausschließlich Stickgarn aus Baumwolle. Bei der Wahl des Garns sollte man nicht sparen. Mit Markengarn lässt sich ein schönes Stickergebnis erzielen und Frustrationen während des Stickprojekts vorbeugen. Denn es ist anders als billiges Garn farbecht und geschmeidig. Farbecht sollte es sein, wenn du z. B. mit wasserlöslichem Stickvlies arbeitest, um das Abfärben des Garns auf deinen Stoff zu verhindern. Geschmeidigkeit ist wichtig, um das Garn leicht teilen zu können. Gutes Baumwollgarn hat den Vorteil, dass es sich – anders als synthetisches Garn – nicht ständig verknotet.

Ich verwende für die Projekte in diesem Buch Garne der Firmen Anchor und Rico. Damit du meine Vorlagen genau nachsticken kannst, gebe ich jeweils die auf der Banderole angeführte Artikelnummer an. Aber natürlich kannst du die Motive auch in anderen Farben sticken!

Stickrahmen

Ein Stickrahmen ist ein Hilfsmittel, das zum Spannen des Stoffes verwendet wird. Der Stoff wird zwischen die beiden Ringe des Rahmens gespannt, um ihn glatt und straff zu halten, während man stickt. Es gibt viele verschiedene Größen und Arten von Stickrahmen, darunter runde und ovale Rahmen sowie solche aus Holz oder Kunststoff. Stickrahmen mit einer Gewindeschraube sind prima, um den Stoff besonders eng einzuspannen, denn die Schraube kann mithilfe eines Schraubenziehers fest angezogen werden. Dadurch kannst du die Spannung des Rahmens individuell für dich bestimmen. Wähle deinen Stickrahmen immer passend zu der Größe deines Motivs. Dein Stickmotiv sollte komplett in den Rahmen passen.

Für meine Projekte in diesem Buch verwende ich Holzstickrahmen der Firma Nurge, die Größe habe ich jeweils angegeben.

Nadeln

Nadeln sind ein wichtiges Arbeitsmittel beim Sticken. Sie sind in verschiedenen Größen erhältlich und werden je nach Stoffart und Stärke des Stickgarns ausgewählt. Beim Sticken ist es wichtig, eine Nadel zu wählen, die groß genug ist, um das Stickgarn durch den Stoff zu führen, aber nicht so groß, dass sie große Löcher hinterlässt. Beim modernen Sticken werden anders als beim Kreuzstich spitze Nadeln verwendet.

Schere

Die Schere ist ein weiteres wichtiges Werkzeug beim Sticken. Damit schneidet man das Stickgarn und nach Beendigung der Stickarbeit den Stoff zurecht. Eine gute Schere sollte scharf sein und nur zum Schneiden von Stoff und Garn verwendet werden, um zu vermeiden, dass sie stumpf wird.

Hitzestift
Der Hitzestift, z. B. von der Marke Frixon, ist ein spezieller Stift, der zum Zeichnen von Stickmotiven auf die jeweiligen Stoffe verwendet wird. Er enthält eine spezielle Tinte, die durch Hitze verschwindet. Wenn man die Linien des Motivs auf dem Stoff entfernen möchte, kann man den Stift mit einem Bügeleisen oder einem Fön erwärmen.

Lightpad
Ein Lightpad ist ein flaches, beleuchtetes Gerät, mit dessen Hilfe man beim Sticken eine Vorlage auf den Stoff projiziert. Damit lassen sich gut feine Details visualisieren, die ansonsten nur schwer zu erkennen sind.

Wasserlösliches und selbstklebendes Stickvlies (Solufix)
Wasserlösliches Stickvlies ist ein temporäres Stickmaterial, das sich vollständig auflöst, wenn es mit Wasser in Kontakt kommt. Ich bevorzuge wasserlösliches Stickvlies, das zugleich selbstklebend ist. Es lässt sich wie ein Aufkleber auf den Stoff kleben, wenn man die Folie auf der Rückseite abzieht. So brauchst du keine weiteren Hilfsmittel, um das Vlies auf dem Stoff zu fixieren. Das Stickvlies wird hauptsächlich verwendet, um Stickmotive auf blickdichte und dicke Stoffe zu übertragen. Nach dem Sticken wäscht man es unter fließendem Wasser aus.

Stoffkleber
Stoffkleber ist ein Klebstoff, der speziell für die Verwendung auf Stoffen entwickelt wurde. Er trocknet transparent und bleibt flexibel, sodass er den Stoff nicht verhärtet. Man verwendet ihn, um nach Beendigung der Stickarbeit die Rückseite des Stickrahmens zu verschließen.

Kreisschablone
Eine Kreisschablone ist ein Werkzeug, das verwendet wird, um perfekte Kreise auf Stoffe zu zeichnen. Sie ist in verschiedenen Größen und Formen erhältlich und besteht oft aus flexiblem Kunststoff. Sie ist besonders nützlich für Stickvorlagen mit Webrosen, da diese als Kreise dargestellt werden.

Rollschneider
Ein Rollschneider wird zum Schneiden von Stoffen verwendet. Er ähnelt einem Pizzaschneider und hat eine scharfe, kreisförmige Klinge, die mühelos durch den Stoff schneidet. Rollschneider sind ideal zum Schneiden von geraden Linien und großen Stoffstücken.

Rundschneider
Ein Rundschneider ist ein Werkzeug, das speziell zum Schneiden von Kreisen entwickelt wurde und das sich in unterschiedlich große Durchmesser einstellen lässt. Es gibt ihn speziell für Stoff oder auch für Pappe und Papier. Er wird gerne eingesetzt, wenn die Rückseite des Stickrahmens geschlossen wird.

Pappe
Mit Pappe wird die Stickarbeit am Ende auf der Rückseite verschlossen, damit sie rundum sauber aussieht. Wenn du möchtest, kannst du dafür auch gemusterte Pappe verwenden.

NÜTZLICHE TECHNIKEN

Stickmotive auf den Stoff übertragen

Es gibt mehrere Möglichkeiten, ein Stickmotiv auf den Stoff zu übertragen:

Gegen eine Lichtquelle zeichnen

Diese Methode funktioniert nur mit ausreichend Tageslicht. Halte das zu übertragende Stickmotiv mit dem Stoff vor die Fensterscheibe und zeichne mit dem Hitzestift das Motiv ab. Dünner Stoff ist hier von Vorteil, um alle Details der Vorlage gut zu erkennen.

Mit einem Lightpad arbeiten

Für diese Methode schließt du dein Lightpad an und stellst es auf die gewünschte Helligkeitsstufe ein. Fixiere deine Stickvorlage mit einem Stück Klebeband auf dem Pad, damit sie beim Abzeichnen nicht verrutscht. Spanne ein Stück Stoff in deinen Stickrahmen und lege es flach mit der Rückseite auf das Lightpad. Nun siehst du, wie dein Stickmotiv durch den Stoff leuchtet, und kannst es mit dem Hitzestift nachzeichnen. Anschließend spannst du den Stoff um, sodass dein Motiv wie gewohnt nach oben zeigt.

Wasserlösliches und selbstklebendes Stickvlies (Solufix) anbringen

Um das Stickmotiv auf dein Vlies zu zeichnen, brauchst du eine Lichtquelle. Entweder nutzt du bei Tageslicht eine Fensterscheibe oder dein Lightpad. Lege das Stickvlies auf die gewünschte Stickvorlage und pause sie ab. Wenn du wasserlösliches und zugleich selbstklebendes Stickvlies verwendest, einfach die Folie auf der Rückseite abziehen und das Motiv auf den Stoff kleben. Nach dem Sticken kannst du das Vlies unter fließendem Wasser auswaschen. Nimm aber zuvor das Stickbild aus dem Stickrahmen heraus, denn Holzrahmen könnten durch die Feuchtigkeit aufquellen und an Form verlieren. Sobald das Stickbild trocken ist, kannst du es wieder in den Rahmen spannen.

Stickrahmen spannen

Öffne zu Beginn die Schraube und trenne die beiden Ringe. Lege den Stoff über den inneren Ring und stülpe den äußeren Ring mit der Schraube wieder über. Ziehe den Stoff an den Seiten stramm, sodass die Oberfläche völlig glatt ist. Um den Stoff auf Spannung zu bekommen, musst du die Schraube mit einem Schraubenzieher festziehen. Man sagt, der Stoff ist optimal gespannt, wenn du auf ihm trommeln kannst. Nichts ist hinderlicher als ungespannter Stoff während des Stickens.

Faden teilen

Schneide ein ca. 30 cm langes Stück Garn von deiner Docke ab. Teile nun deine gewünschte Zahl der Fäden ab, indem du diese herausziehst. Das kann am Anfang ein wenig fummelig sein, aber nach und nach wird sich für dich eine Technik ergeben.

Stickerei beginnen

Schneide einen ca. 30 cm langen Faden Stickgarn ab. Sichere ein Fadenende mit einem Knoten und fädele das andere in deine Sticknadel ein.

NÜTZLICHE TECHNIKEN

Stickerei beenden
Hier musst du selbst herausfinden, welche Technik dir am besten liegt. Ich empfehle folgende Vorgehensweise:

1

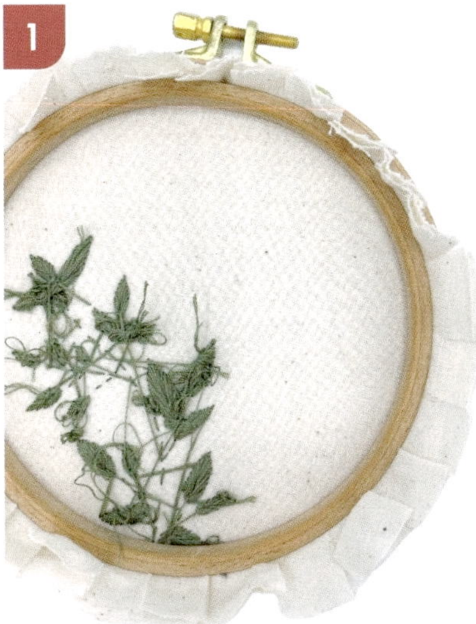

1. Den Stoff rundherum mit ca. 4 cm Abstand zur Kante des Außenrings sauber abschneiden.

2. Den Rahmen umdrehen und den überstehenden Stoff rundum einschneiden. Den Holzrahmen dicht an der Stoffkante mit dem Stoffkleber bestreichen und dann den Stoff nach innen umklappen und festdrücken.

3. Um die Rückseite ganz zu verkleiden, mit dem Rundschneider ein Stück Pappe zurechtschneiden und auf den äußeren Rand des Rahmens kleben.

2

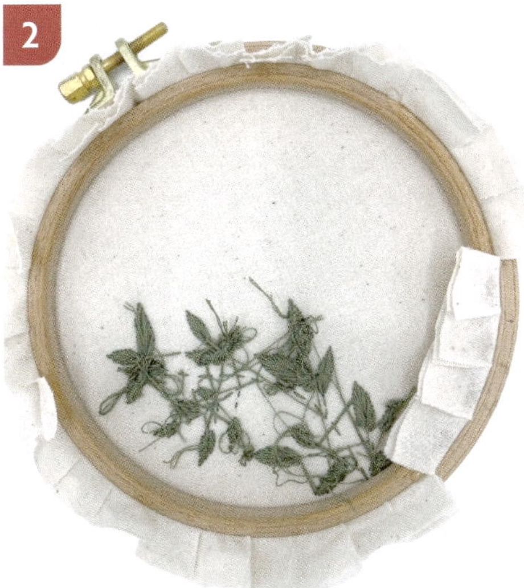

3

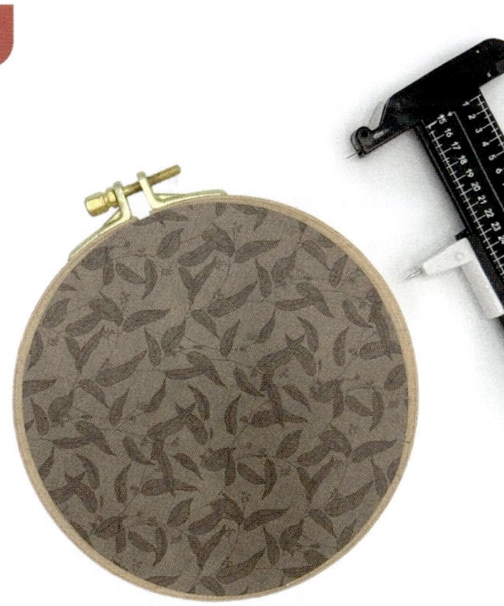

STICKSTICHE

Mit Stickstichen kann man dekorative Muster erstellen. Davon gibt es verschiedene Arten, die unterschiedlich eingesetzt werden.

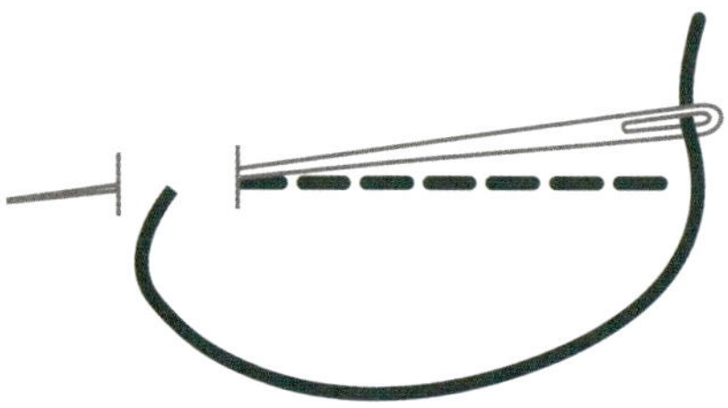

Geradstich

Der Geradstich ist ein einfacher Stich, mit dem man gerade Linien sticken kann. Dafür die Nadel von unten nach oben durch den Stoff führen und im gewünschten Abstand wieder einstechen. Dann im selben Abstand wieder ausstechen und den Faden durch den Stoff ziehen. Die Nadel wieder zurückführen und dicht neben der Einstichstelle wieder einstechen. Dann eine Stichlänge hinter dem letzten Ausstich wieder nach oben führen. Den Vorgang wie in der Anleitung beschrieben wiederholen.

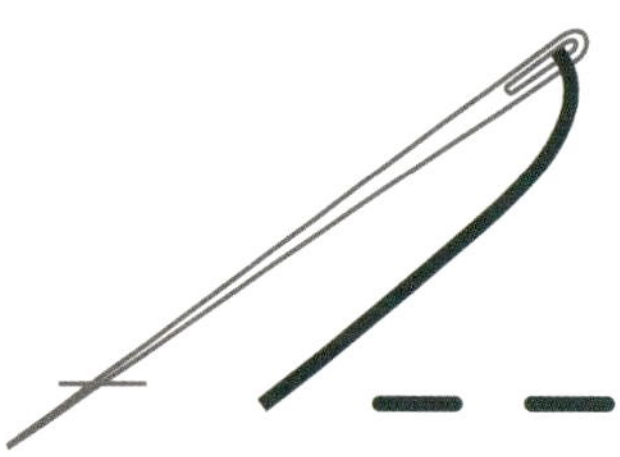

Vorstich

Für einen Vorstich die Nadel von unten nach oben durch den Stoff führen und im gewünschten Abstand wieder einstechen. Diesen Vorgang in gleichmäßigen Abständen wiederholen.

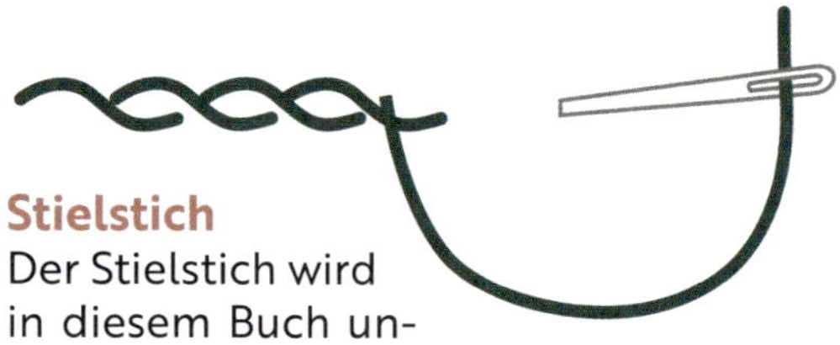

Stielstich

Der Stielstich wird in diesem Buch unter anderem verwendet, um Stiele von Blumen oder Pflanzen darzustellen. Für einen Stielstich die Nadel von unten nach oben in den Stoff führen. Dann im gewünschten Abstand wieder einstechen und die Nadel wieder zurückführen. Mittig zwischen der Aus- und Einstichstelle wieder ausstechen und den Faden durchziehen. So fortfahren, dabei darauf achten, dass die Stiche gleichmäßig lang sind.

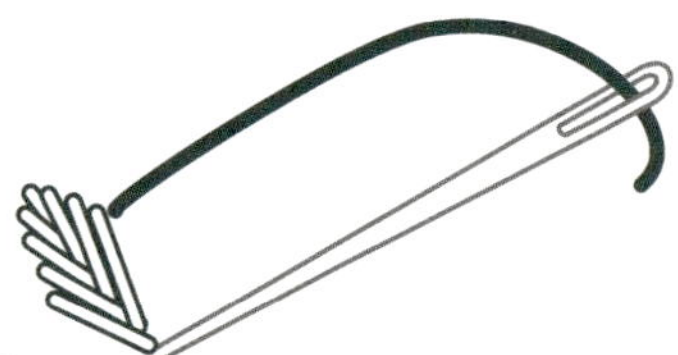

Grätenstich

Der Grätenstich wird verwendet, um einen Bereich, zum Beispiel eine Blattform, mit parallelen Linien auszufüllen. Um einen Grätenstich zu sticken, zunächst einen geraden Stich auf der oberen Mittellinie des Motivs sticken. Dann die Nadel dicht links neben der Ausstichstelle wieder ausstechen, von links oben über den Geradstich nach rechts unten führen und dicht rechts neben der Einstichstelle wieder einstechen. Dann dicht rechts neben der ersten Ausstichstelle wieder ausstechen, von rechts oben über den Geradstich nach links unten führen und dicht links neben der ersten Einstichstelle wieder einstechen. Dann dicht neben der zweiten Ausstichstelle wieder ausstechen und so fortfahren, bis der gesamte Bereich ausgefüllt ist.

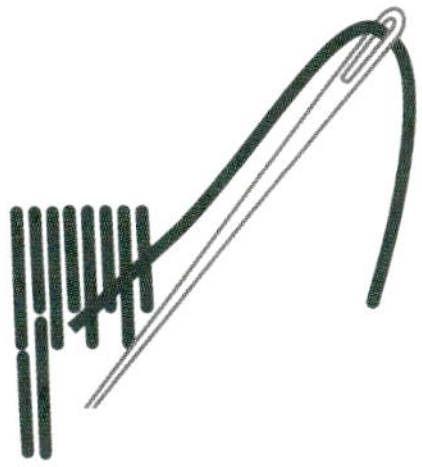

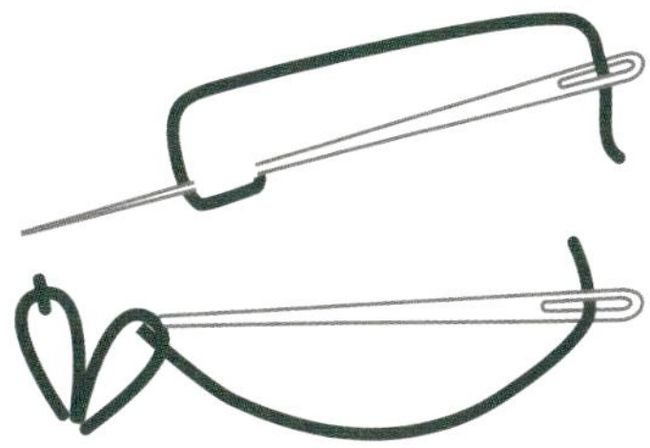

Plattstich

Auch mit dem Plattstich lassen sich Flächen ausfüllen. Dafür werden sie mit dicht nebeneinanderliegenden Geradstichen gefüllt. Diese können waagerecht oder diagonal angeordnet werden. Für ein sauberes Stickbild zeichnet man sich am besten zunächst gerade Hilfslinien auf den Stoff, um die zu bestickende Fläche zu unterteilen.

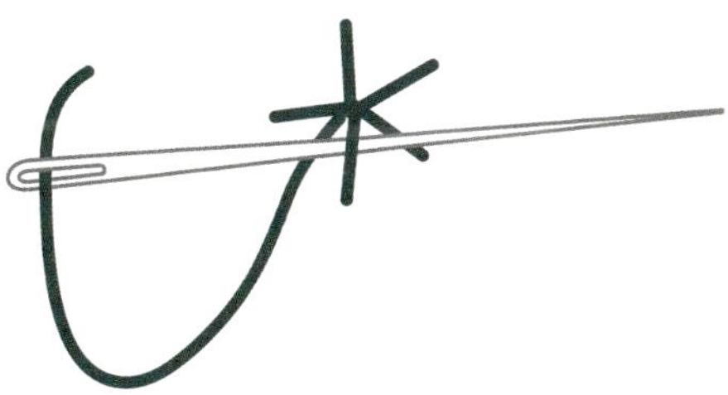

Webrose

Die Webrose wird für rosenähnliche Elemente verwendet. Dafür muss zunächst eine ungerade Zahl von „Schenkeln" gesetzt werden. Für die Motive in diesem Buch sticken wir immer fünf Schenkel für eine Rose. Diese mit Geradstichen von außen nach innen sternförmig anordnen, sodass die Enden aufeinandertreffen. Dann die Nadel an diesem Mittelpunkt dicht an einem Schenkel nach oben durch den Stoff stechen und um die Schenkel weben, ohne in den Stoff zu stechen. Je fester man dabei das Garn zieht, desto fester wird die Rose. Wenn die Schenkel vollständig von der gewebten Rose bedeckt sind, den Faden auf der Stoffrückseite vernähen.

Margeritenstich

Mit dem Margeritenstich kann man Blüten oder kleine Blätter sticken. Dafür die Nadel von unten nach oben in den Stoff stechen und den Faden durchziehen. Dann dicht an der Ausstichstelle wieder einstechen, aber den Faden noch nicht ganz durchziehen, sodass eine Schlinge entsteht. Diese gegenüber der Ein- und Ausstichstelle mit einem kleinen Stich fixieren. Dafür innerhalb der Schlinge die Nadel von unten nach oben und über die Schlinge führen, um sie dicht neben dem Ausstich wieder einzustechen.

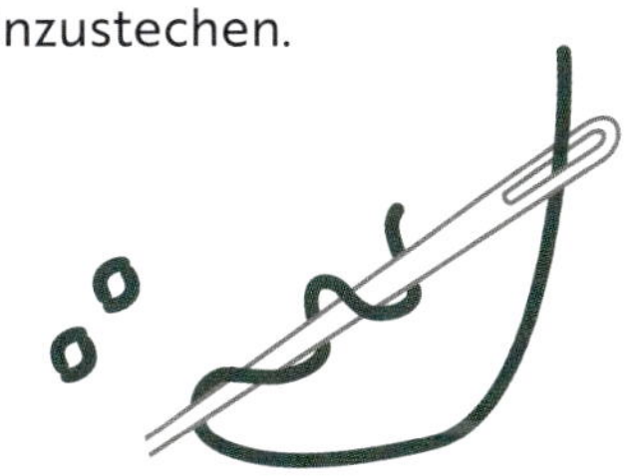

Knötchenstich

Mit dem Knötchenstich lassen sich kleine, runde Knoten aufsticken. Dafür die Nadel von unten nach oben durch den Stoff führen und den Faden dicht am Stoff zwei oder drei Mal um den unteren Teil der Nadel wickeln. Dabei darf das umwickelte Garn nicht zu locker auf der Nadel liegen. Je öfter man den Faden um die Nadel wickelt, desto größer wird das Knötchen. Zum Schluss die Nadel dicht neben der Ausstichstelle wieder einstechen und den Faden vorsichtig durchziehen. Am besten das Knötchen mit dem Finger festhalten, damit es sich nicht auflöst.

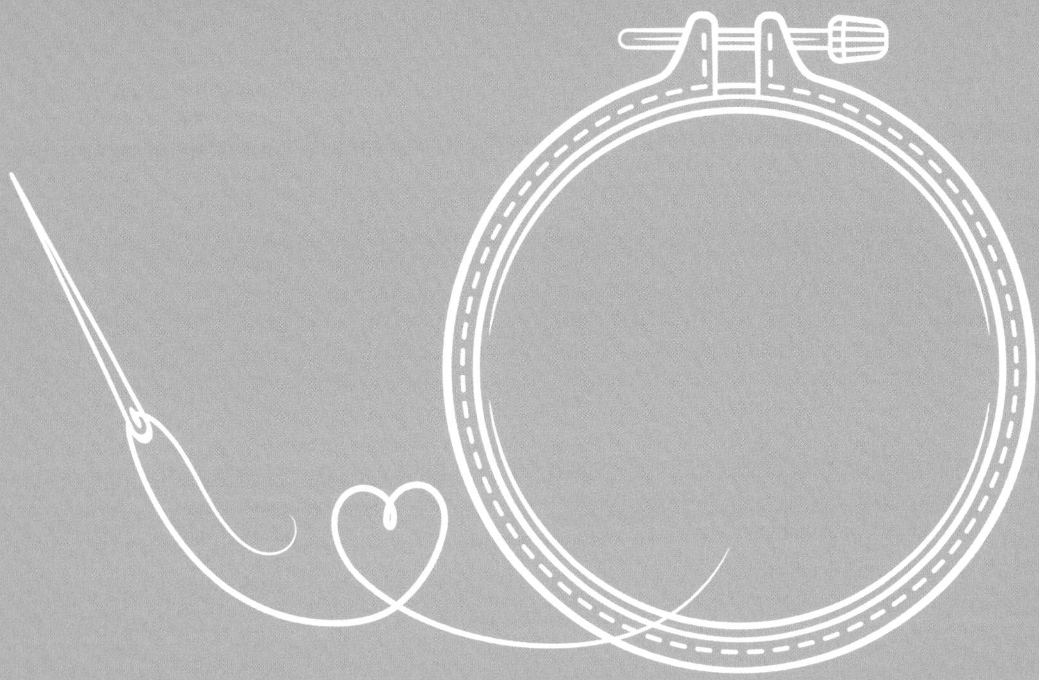

Projekte

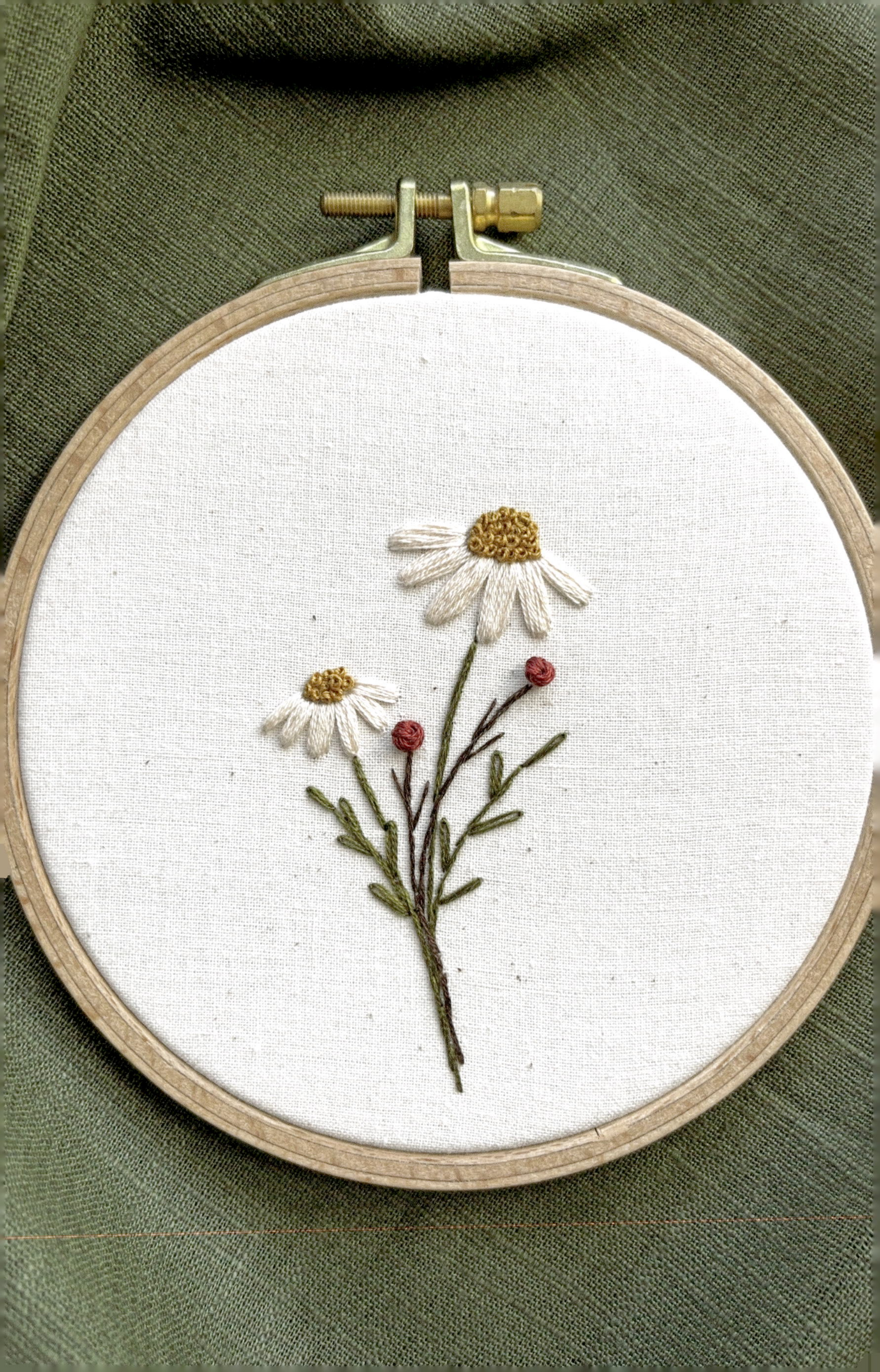

MARGERITEN-DUO

„In a field of roses, she is a wildflower“

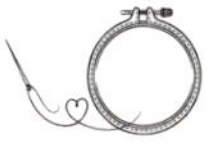

Schwierigkeitsgrad
EINFACH

Material

- spitze Sticknadel
- Schere
- Stickvlies und/oder Hitzestift zum Übertragen des Stickmotivs
- Stickrahmen, 13 cm ø
- Nesselstoff natur, 25 x 25 cm
- Sticktwist von Anchor in den Farben Curry (907), Dunkeloliv (924), Altrot (897) und Dunkelbraun (1088)
- Sticktwist von Rico in der Farbe Schilf (215)
- Vorlage auf Seite 78

Verwendete Stickstiche

- Plattstich (3-fädig)
- Stielstich (2-fädig)
- Knötchenstich (3-fädig, mit 2 Umwicklungen)
- Geradstich (2-fädig)
- Margeritenstich (2-fädig)

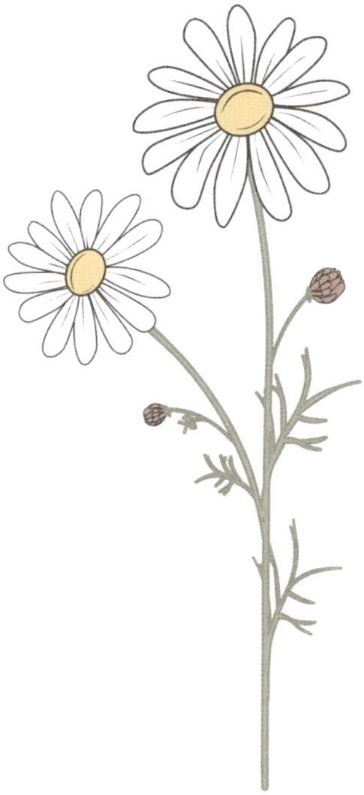

MARGERITEN-DUO

1

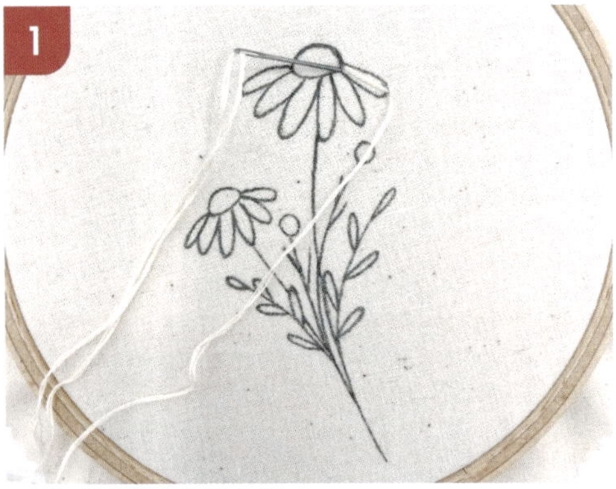

Zunächst die Blütenblätter sticken. Dafür mit einem 3-fädigen Plattstich in der Farbe Schilf arbeiten. Darauf achten, dass die Stiche dicht nebeneinanderliegen und die Enden der Blütenblätter eine schöne Rundung erhalten.

2

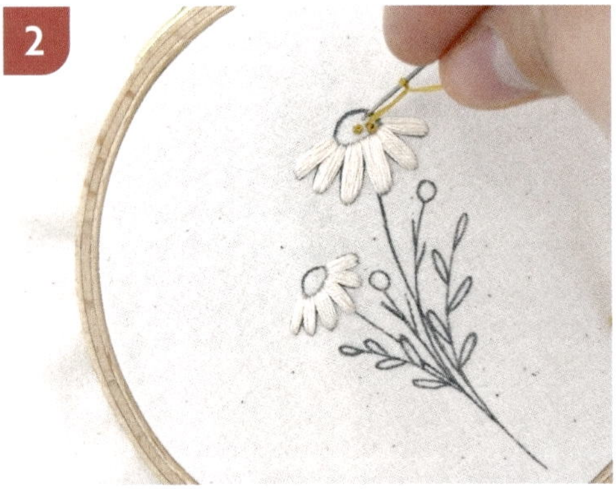

Anschließend mit 3 Fäden in Curry das Innere der Blüte mit dem Knötchenstich füllen. Dafür das Stickgarn jeweils 2-mal um die Nadel wickeln.

3

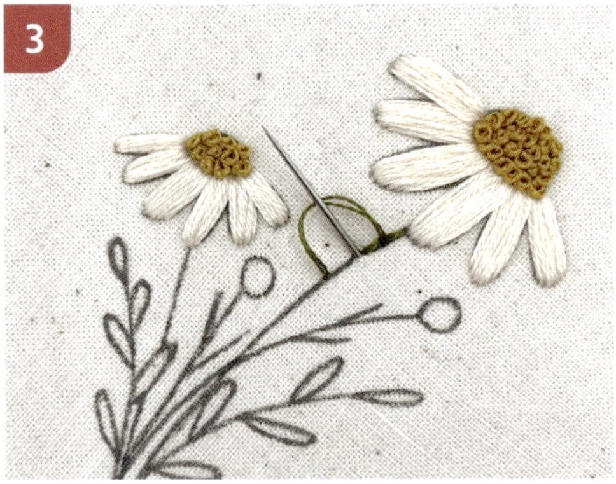

Den Stiel der Margeriten mit dem Stielstich und zwei Fäden in Dunkeloliv sticken.

4

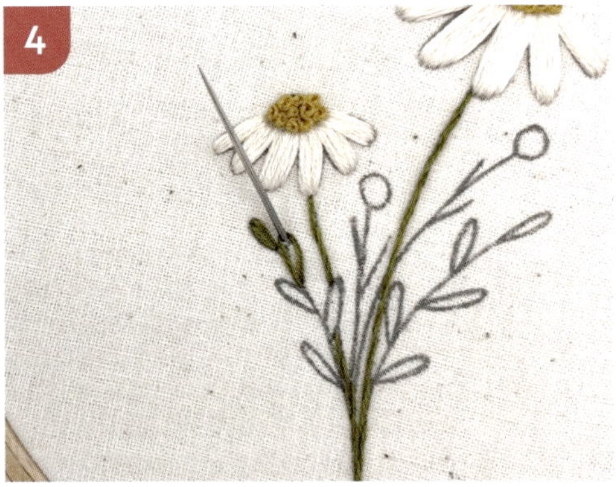

Die zwei kleinen Blätterzweige in Dunkelbraun arbeiten. Zuerst die runden Blätter mit dem Margeritenstich und 2 Fäden sticken.

5

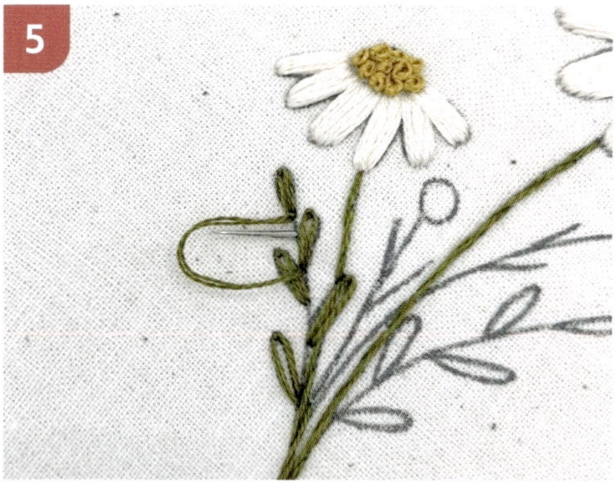

Dann den Stiel der Blätterzweige ebenfalls mit 2 Fäden derselben Farbe mit dem Stielstich sticken.

6

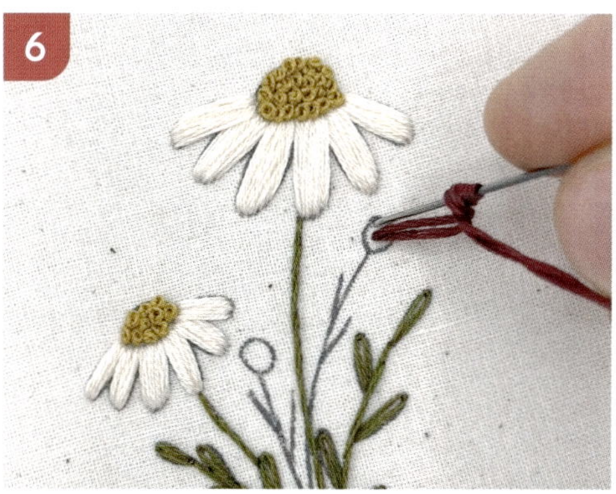

Nun die roten Knospen sticken. Dafür mit 6 Fäden in Altrot arbeiten. Diese doppelt nehmen und die Knospe mit dem Knötchenstich mit 12 Fäden sticken. Dabei das Garn 1-mal um die Nadel wickeln.

7

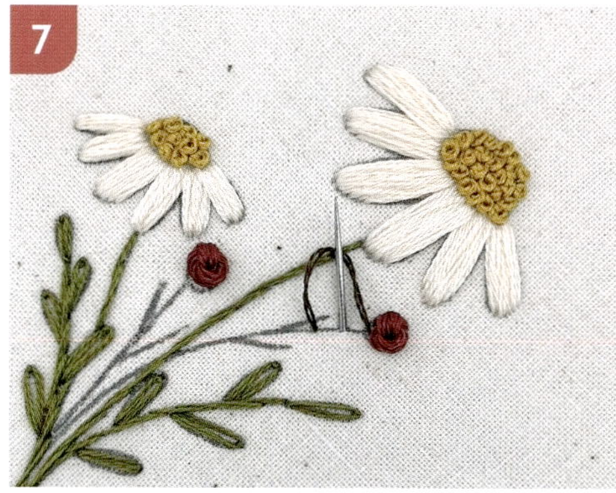

Den Stiel der Knospe in Dunkelbraun mit 2 Fäden und dem Stielstich sticken.

8

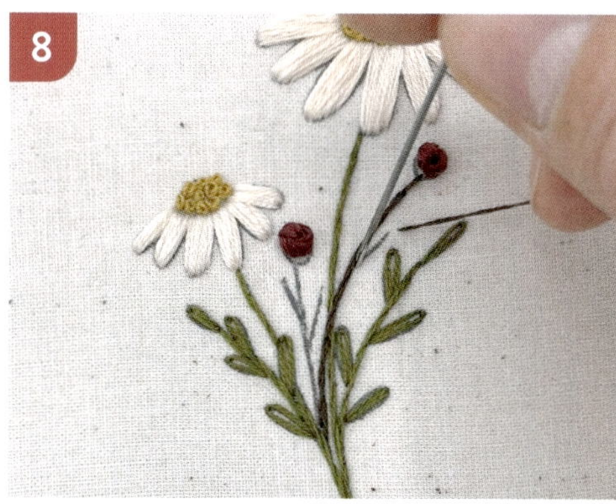

Die kleinen seitlichen Stiele mit derselben Farbe im Geradstich und 2 Fäden sticken.

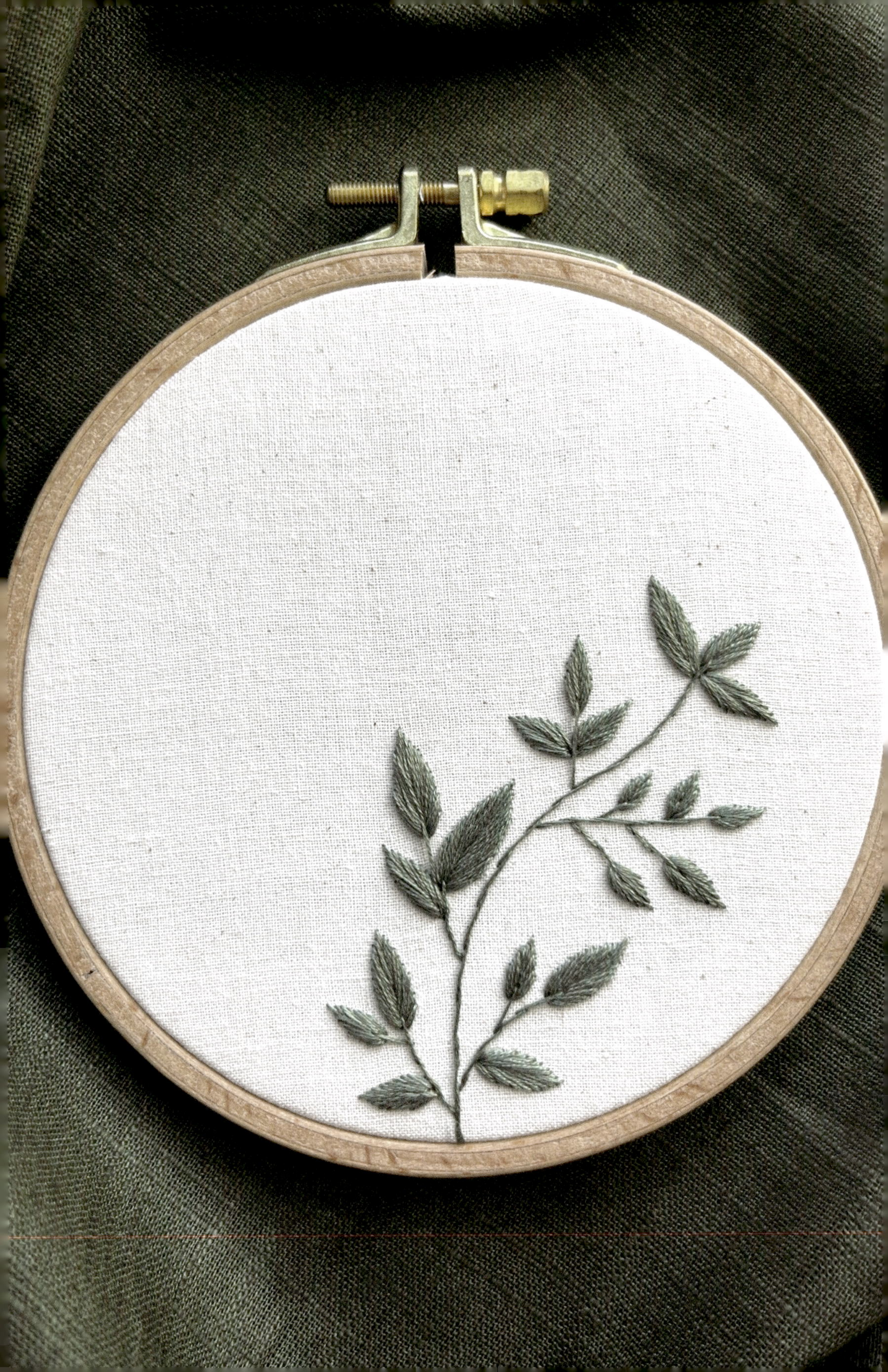

STICKBILD BLÄTTERRANKE

„Ein Leben ohne Träume ist wie ein Garten ohne Blumen"

Schwierigkeitsgrad
EINFACH

Material

- spitze Sticknadel
- Schere
- Stickvlies und/oder Hitzestift zum Übertragen des Stickmotivs
- Pappe
- Rundschneider
- Stickrahmen, 13 cm ø
- Nesselstoff natur, 25 x 25 cm
- Sticktwist von Anchor in der Farbe Eukalyptus (860)
- Vorlage auf Seite 79

Verwendete Stickstiche

- Grätenstich (3-fädig)
- Stielstich (2-fädig)
- Geradstich (2-fädig)

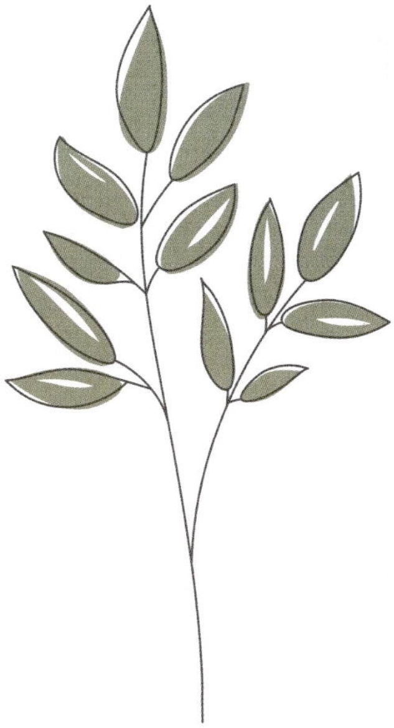

STICKBILD BLÄTTERRANKE

1

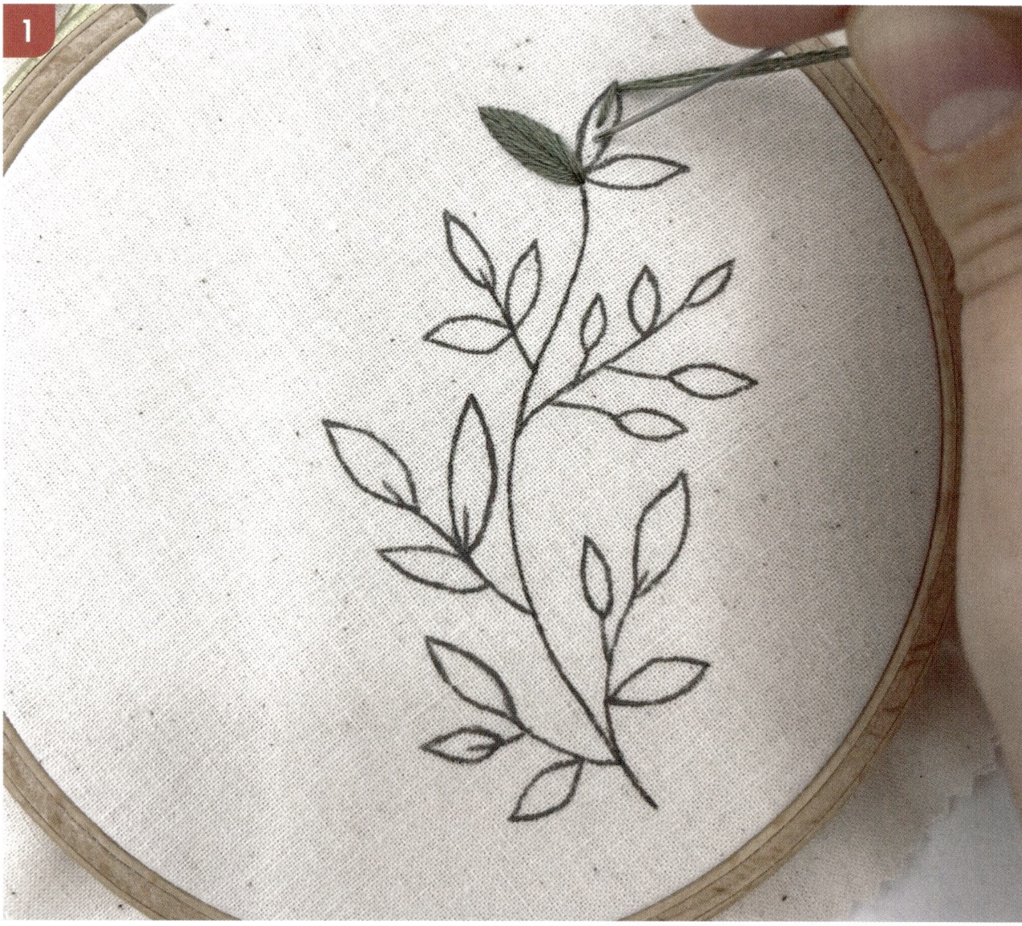

Für dieses Stickmotiv wird nur eine Garnfarbe benötigt. Zunächst die Blätter mit dem Grätenstich und 3 Fäden sticken, dabei die Stiche abwechselnd rechts und links von der Mitte arbeiten.

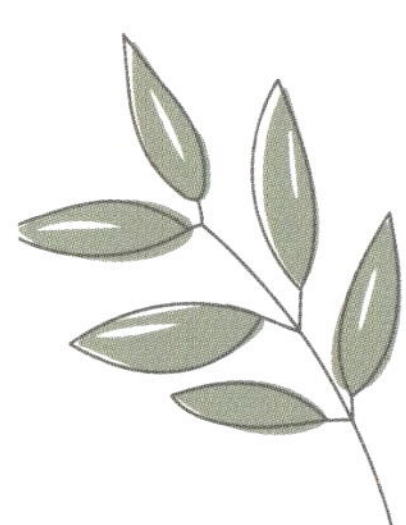

STICKBILD BLÄTTERRANKE

2

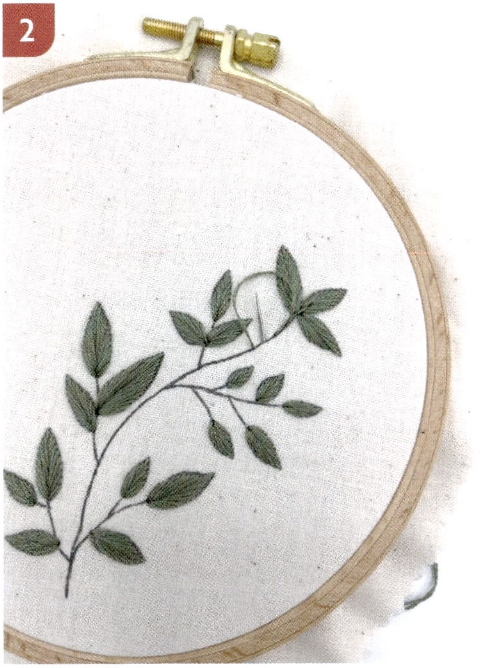

3

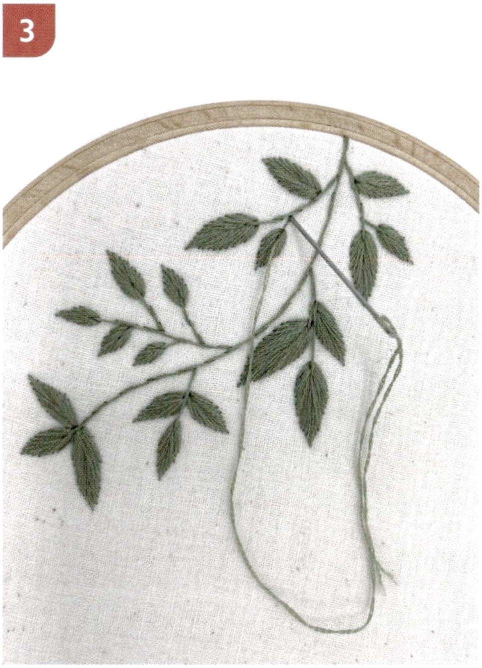

Dann die geschwungenen Stiele der Blätterranke mit einem 2-fädigen Stielstich sticken.

Die kleinen geraden Stiele ebenfalls mit 2 Fäden, aber mit dem Geradstich sticken.

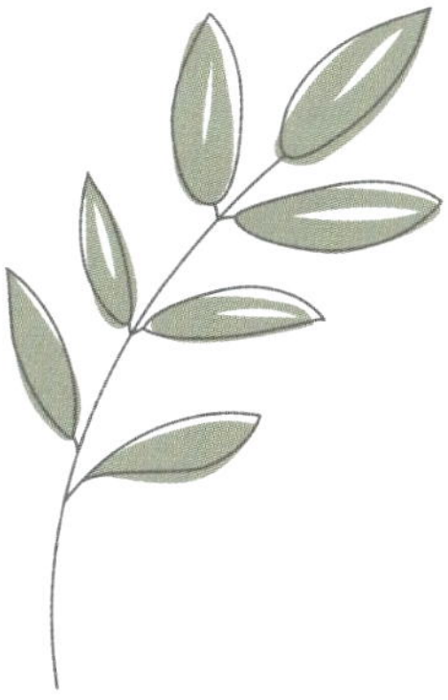

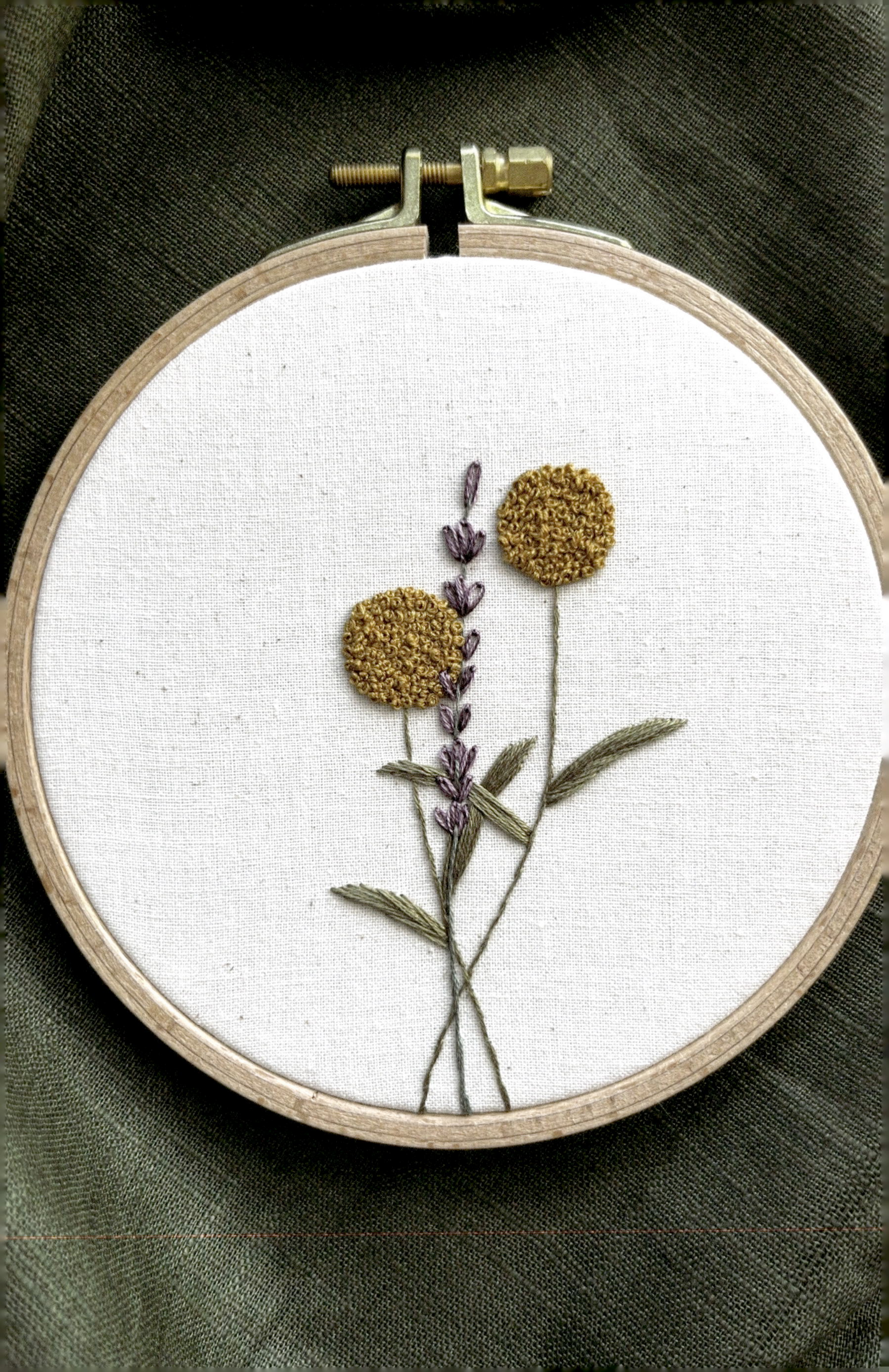

CRASPEDIA & LAVENDEL

„Blumen sind das Lächeln der Erde"

Schwierigkeitsgrad
EINFACH

Material

- spitze Sticknadel
- Schere
- Stickvlies und/oder Hitzestift zum Übertragen des Stickmotivs
- Stickrahmen, 13 cm ø
- Nesselstoff natur, 25 x 25 cm
- Sticktwist von Rico in den Farben Aubergine (95) und Kiesel (220)
- Sticktwist von Anchor in den Farben Aubergine (873) und Curry (907)
- Vorlage auf Seite 80

Verwendete Stickstiche

- Knötchenstich (3-fädig, mit 2 Umwicklungen)
- Stielstich (2-fädig)
- Grätenstich (3-fädig)
- Margeritenstich (3-fädig)
- Geradstich (3-fädig)

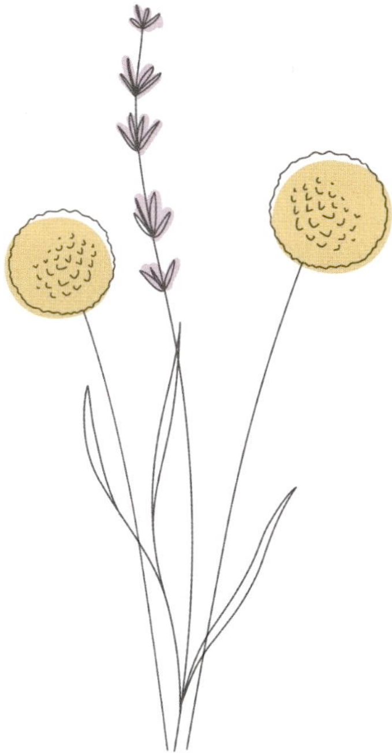

CRASPEDIA & LAVENDEL

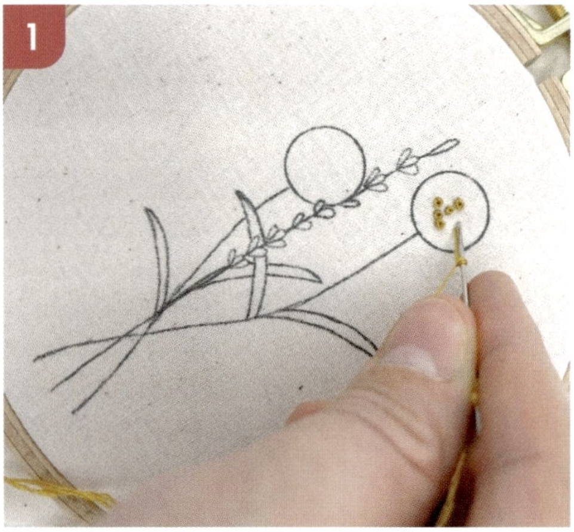

Zuerst die Craspedia-Blüten mit dem Knötchenstich ausfüllen. Dafür 3 Fäden in Curry verwenden und diese 2-mal um die Nadel wickeln. Die Blüten von innen nach außen ausfüllen und die Knötchen so setzen, dass die Form schön rund wird.

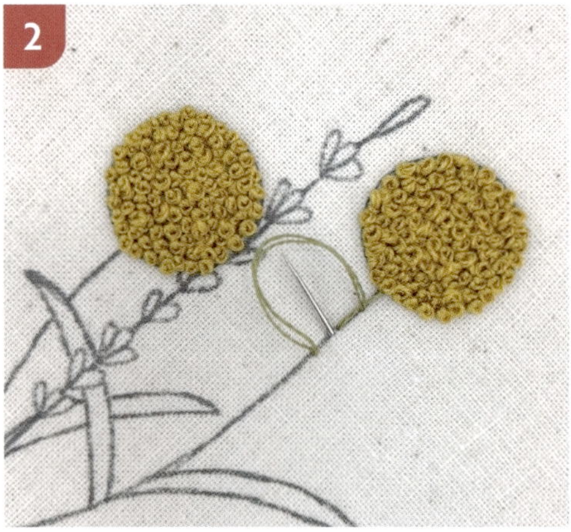

Mit 2 Fäden in Kiesel den Stil der Craspedia im Stielstich sticken.

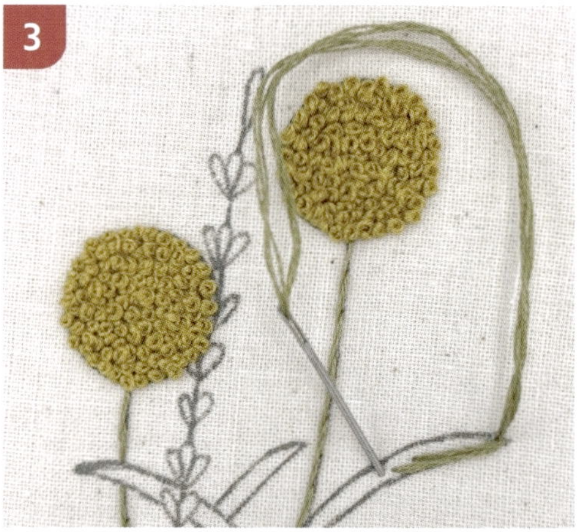

Die Blätter in derselben Farbe mit dem Grätenstich und 3 Fäden arbeiten. Dabei stets abwechselnd rechts und links von der Mitte einstechen.

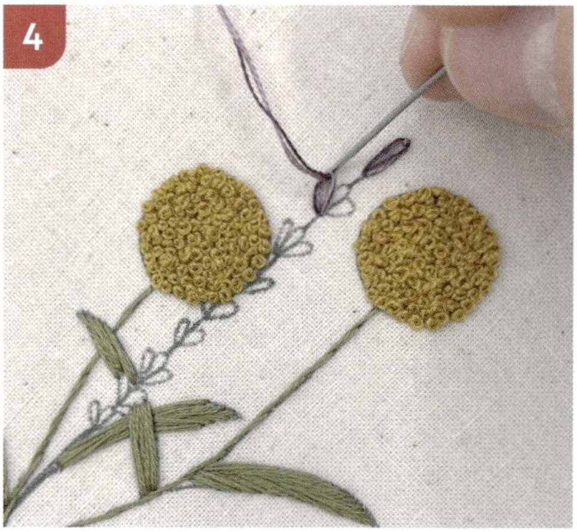

Die Lavendelblüten im 3-fädigen Margeritenstich sticken und dafür 1 Faden in Aubergine der Firma Anchor und 2 Fäden in Aubergine der Firma Rico verwenden.

5

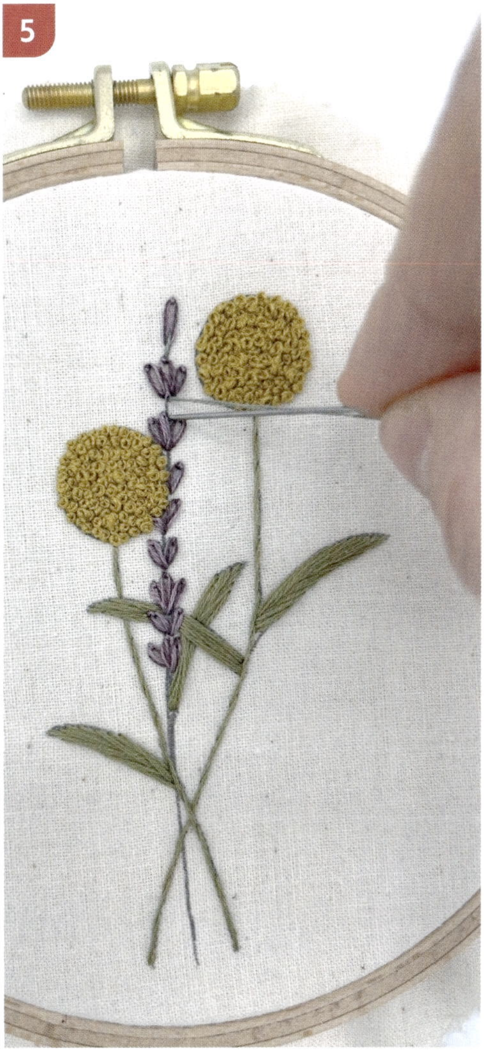

Anschließend die Zwischenräume mit dem Geradstich und 3 Fäden in Kiesel arbeiten.

6

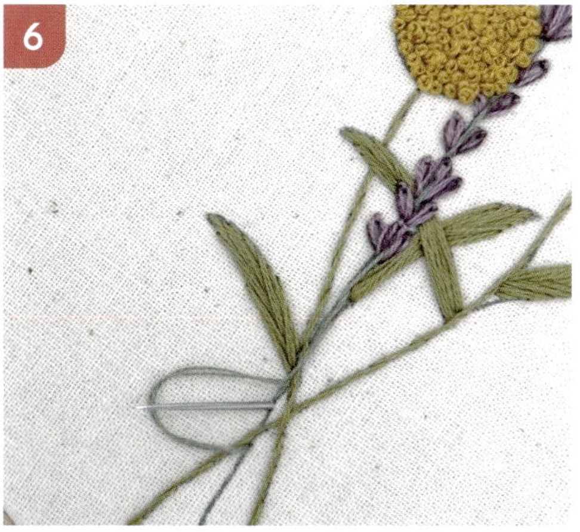

Den unteren Stiel in derselben Farbe im Stielstich mit 2 Fäden sticken.

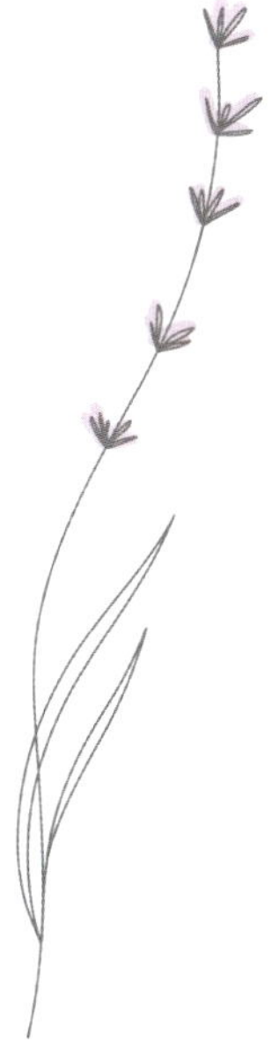

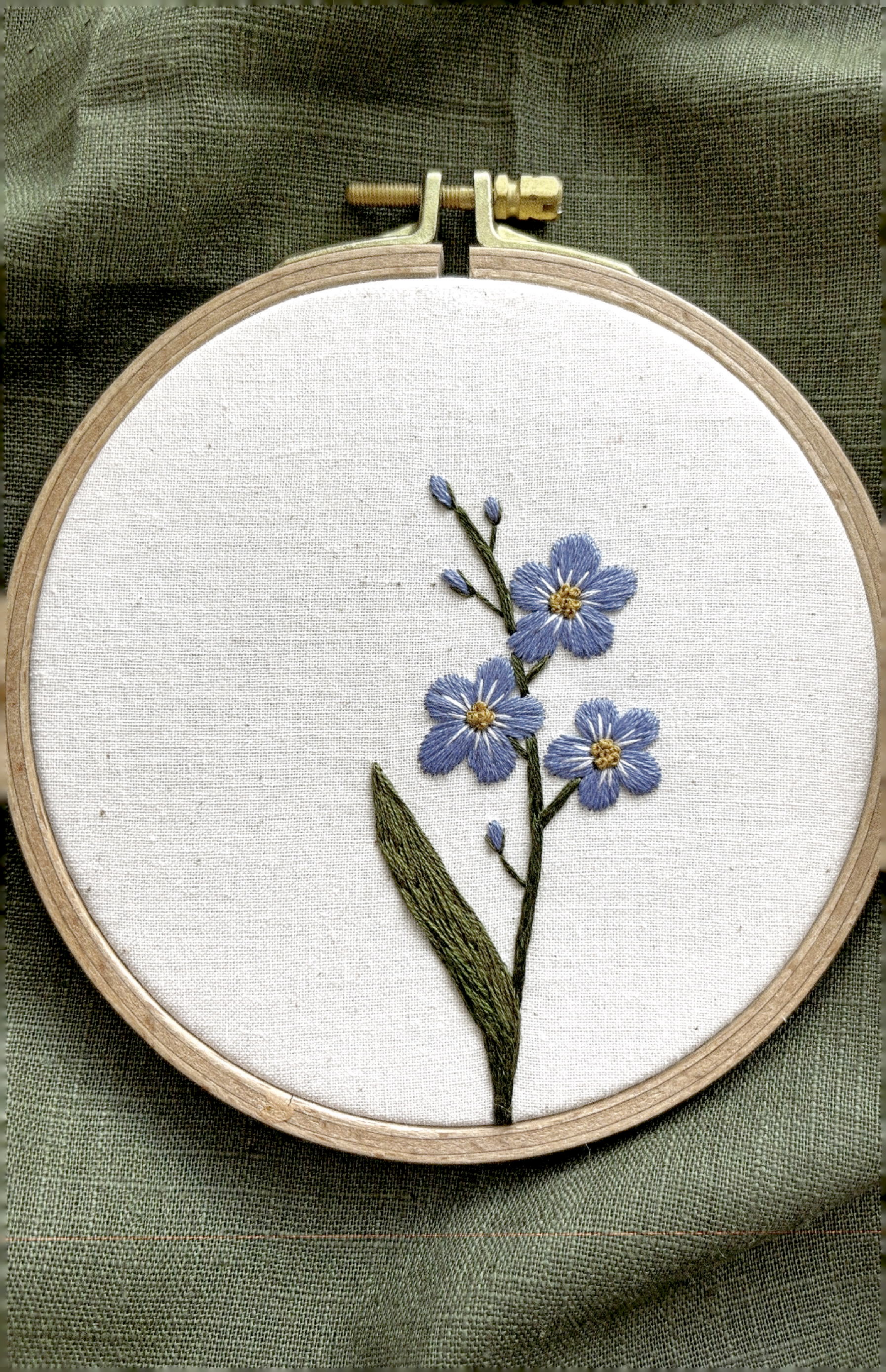

VERGISSMEINNICHT

„Rosen, Tulpen, Nelken, alle Blumen welken.
Nur die eine nicht, die heißt Vergissmeinnicht."

Schwierigkeitsgrad
EINFACH

Material

- spitze Sticknadel
- Schere
- Stickvlies und/oder Hitzestift zum Übertragen des Stickmotivs
- Stickrahmen, 13 cm ø
- Nesselstoff natur, 25 x 25 cm
- Sticktwist von Anchor in den Farben Porzellan (176), Curry (907), Hochweiß (1) und Moorgrün (846)
- Sticktwist von Rico in der Farbe Schilf (215)
- Vorlage auf Seite 81

Verwendete Stickstiche

- Plattstich (3-fädig)
- Knötchenstich (3-fädig, mit 2 Umwicklungen)
- Geradstich (2-fädig)
- Stielstich (2-fädig)

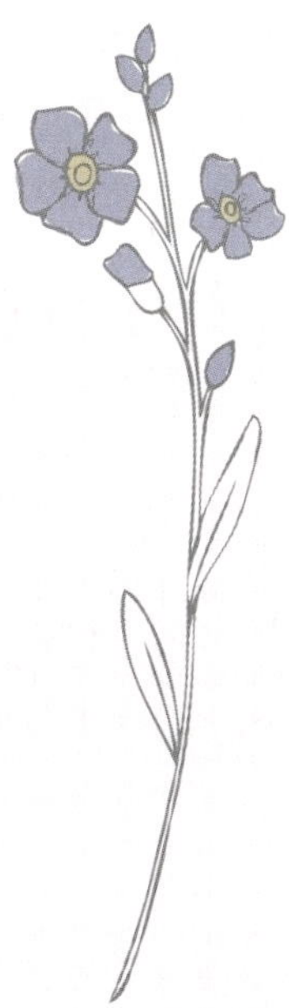

VERGISSMEINNICHT

1

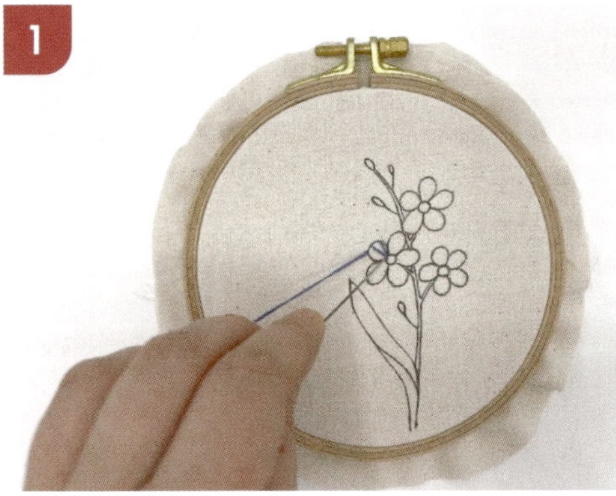

Die Blütenblätter mit dem Plattstich und 3 Fäden in Porzellan sticken. Dafür Hilfslinien aufsticken und diese nach und nach sorgfältig ausfüllen.

2

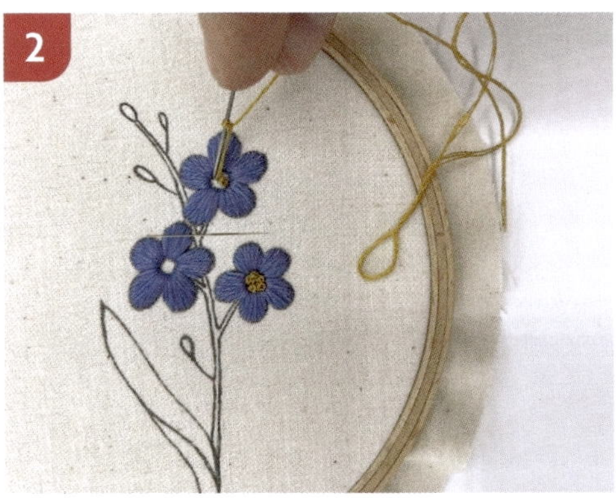

Die Blütenmitte in Curry mit 3 Fäden mit dem Knötchenstich sticken. Dabei das Garn 2-mal um die Sticknadel wickeln.

3

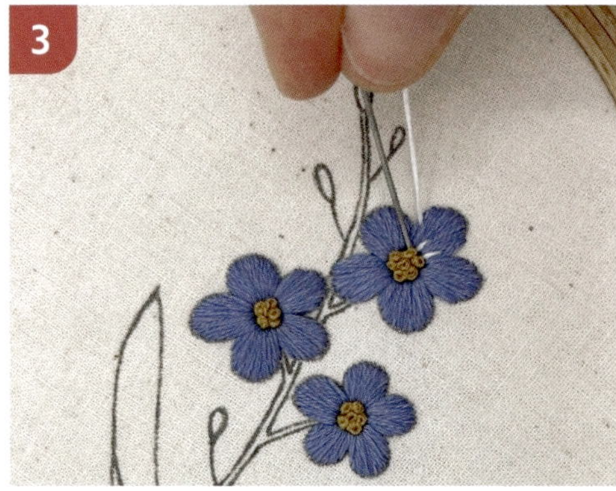

Um der Blüte räumliche Tiefe zu verleihen, kleine Linien mit 2 Fäden in Hochweiß mit dem Geradstich aufsticken.

4

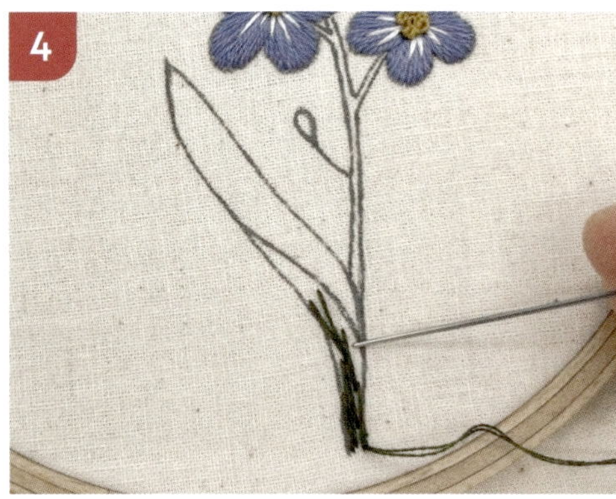

Den unteren Bereich des Blatts mit versetzten und überlappenden geraden Stichen mit 2 Fäden in Moorgrün ausfüllen. Den Stiel ebenso arbeiten.

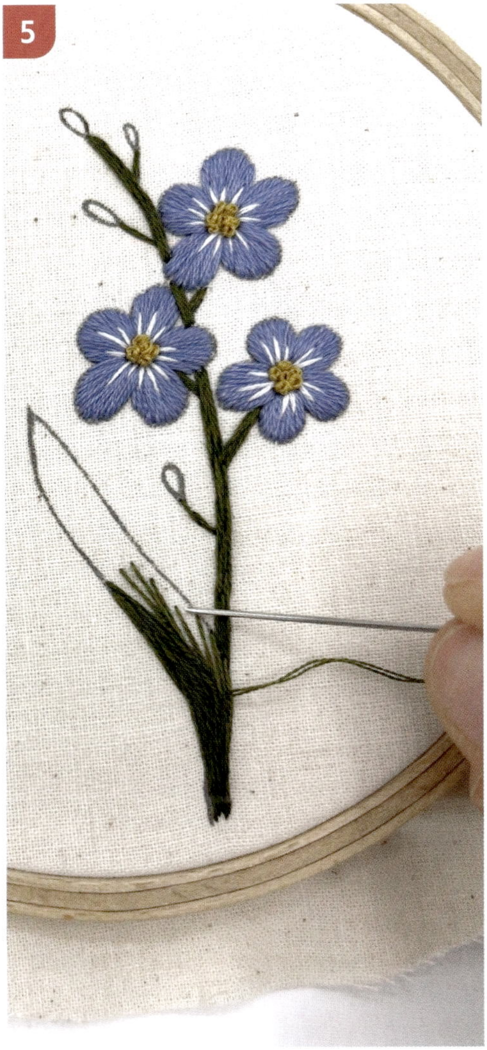

Den oberen Teil des Blattes wie den unteren arbeiten, dafür jedoch die Farbe Schilf verwenden.

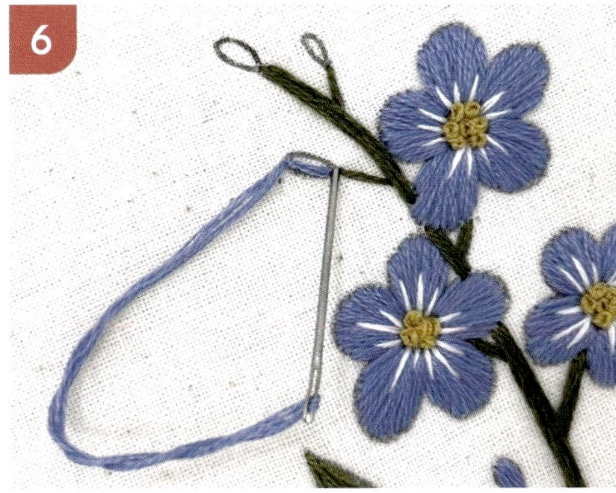

Zum Schluss kleine Knospen mit einem 3-fädigen Plattstich in Porzellan sticken.

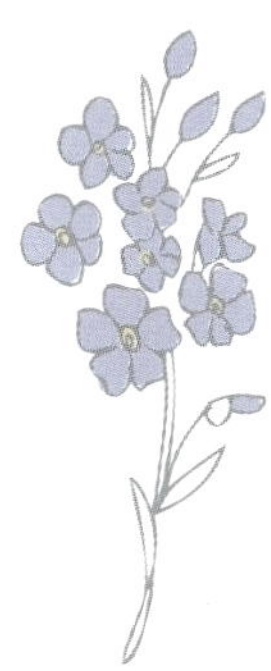

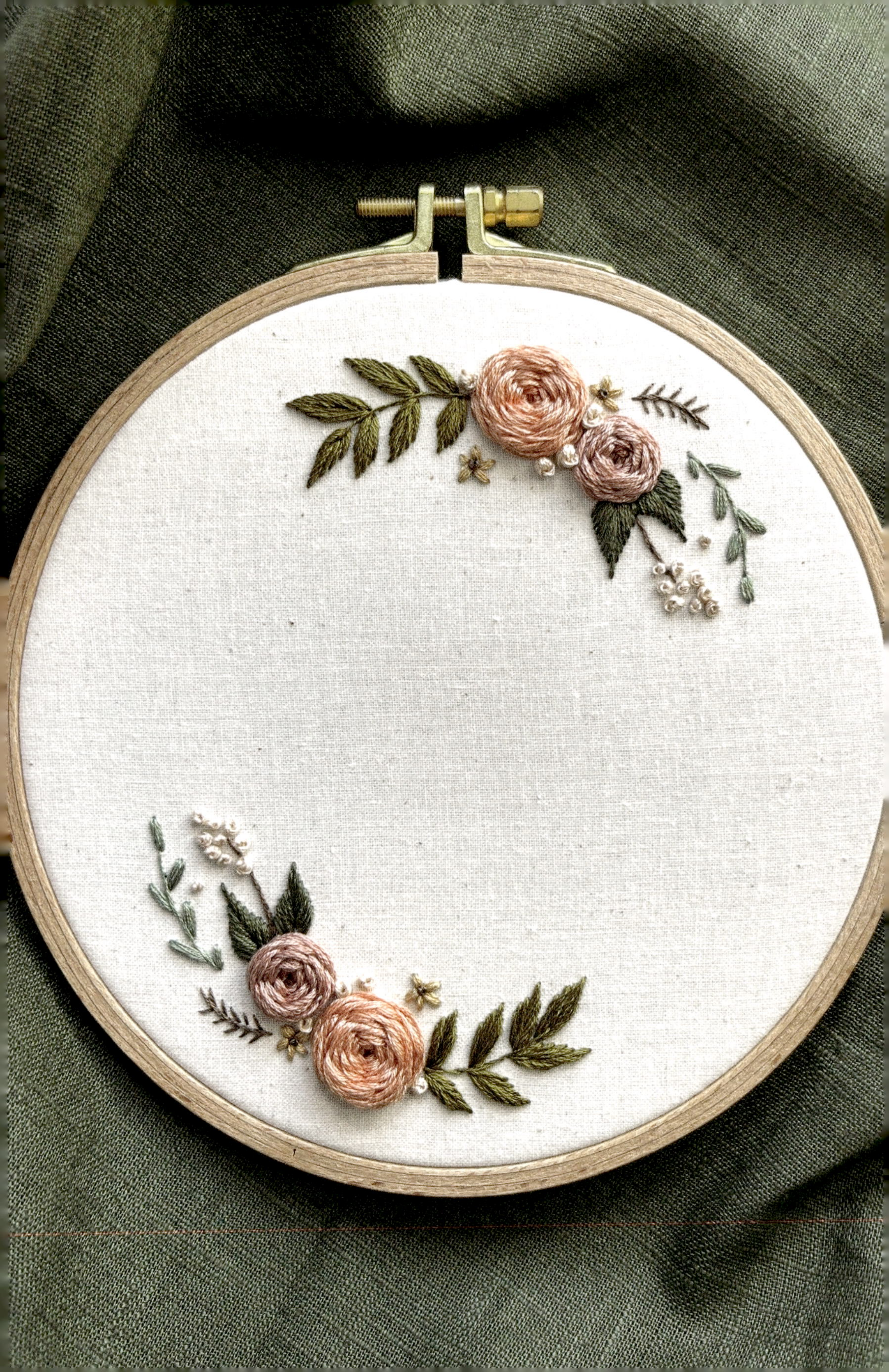

ROSENARRANGEMENT

„No rain, no flowers"

Schwierigkeitsgrad
EINFACH

Material

- spitze Sticknadel
- Stickvlies und/oder Hitzestift zum Übertragen des Stickmotivs
- Schere
- Stickrahmen, 16 cm ø
- Nesselstoff natur, 25 x 25 cm
- Sticktwist von Anchor in den Farben Make-up (882), Kork (943), Tundra dunkel (681) und Estragongrün (859)
- Sticktwist von Rico in den Farben Rotbraun (248), Schilf (214), Beige (226), Dunkelbeige 229
- Vorlage auf Seite 82

Verwendete Stickstiche

- Plattstich (3- und 2-fädig)
- Stielstich (2-fädig)
- Geradstich (2-fädig)
- Knötchenstich (6-fädig, mit 1 und 2 Umwicklungen; 3-fädig, mit 1 Umwicklung)
- Webrosenstich (12-fädig)
- Grätenstich (6-fädig)

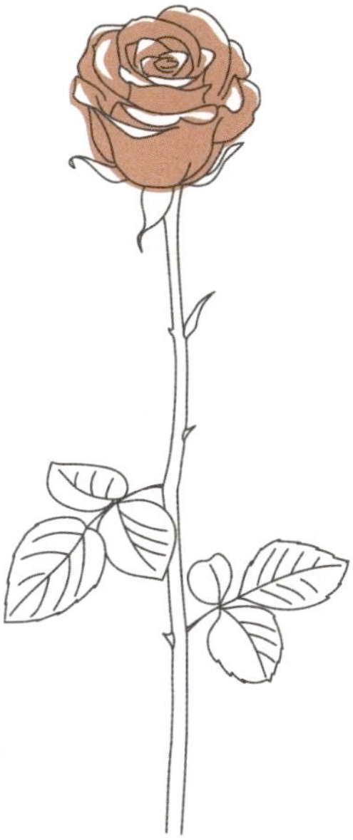

ROSENARRANGEMENT

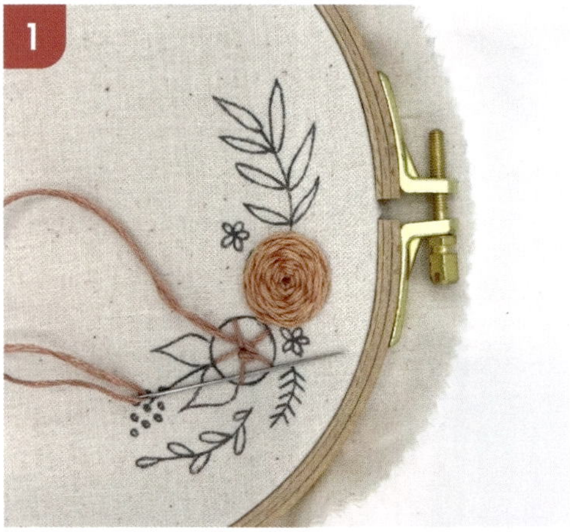

Zunächst die Rosen mit dem Webrosenstich in der Farbe Make-up und Rotbraun sticken. Dafür einen ganzen Garnstrang aus 6 Fäden doppelt nehmen und mit 12 Fäden arbeiten. So erhält die Rose eine schön lockere Optik.

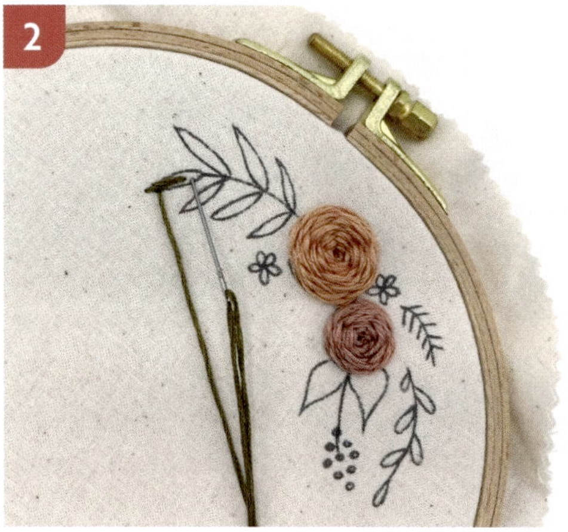

Anschließend die spitzen Blätter mit dem Grätenstich mit 6 Fäden der Farbe Schilf sticken.

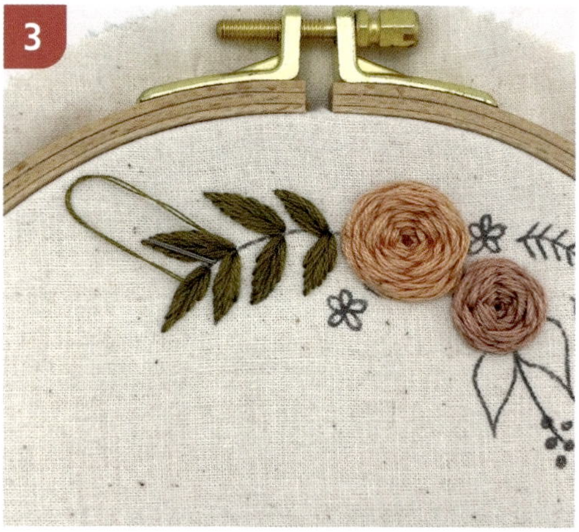

Mit derselben Farbe, aber mit nur 2 Fäden den Stiel der spitzen Blätterranke mit dem Stielstich sticken.

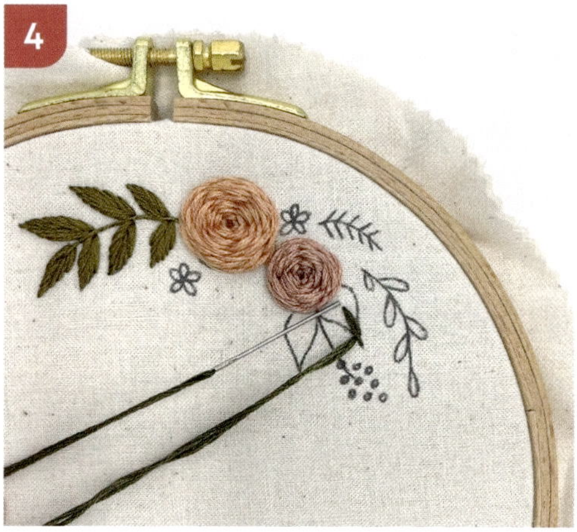

Nun die Blätter der Rosen mit dem Grätenstich und 6 Fäden in der Farbe Tundra dunkel sticken.

5

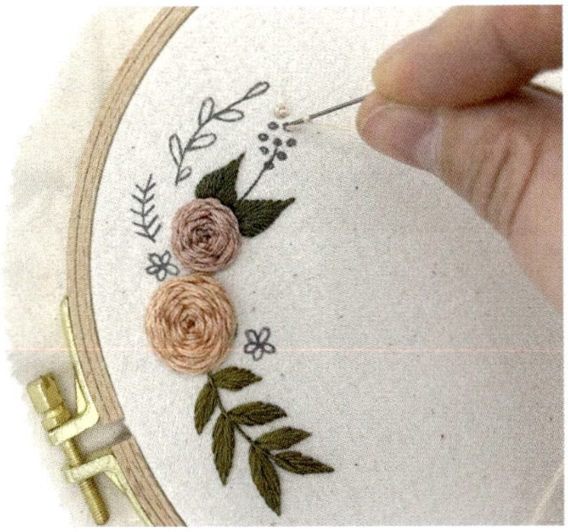

Dann mit dem kleinen Knospenzweig fortfahren. Für die Knospen einen Garnstrang in Beige doppelt nehmen und mit einem 12-fädigen Knötchenstich sticken. Dabei die Fäden abwechselnd 1- und 2-mal um die Nadel wickeln, sodass die Knospen unterschiedlich groß werden. Den Stiel des Zweiges mit dem Stielstich und 2 Fäden in Dunkelbeige sticken.

6

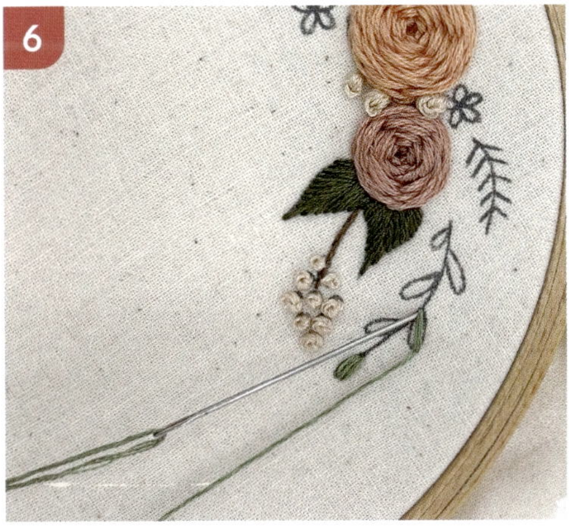

Den kleinen Blätterzweig mit der Farbe Estragongrün arbeiten. Die Blätter 3-fädig mit dem Plattstich, den Stiel 2-fädig mit dem Stielstich sticken.

7

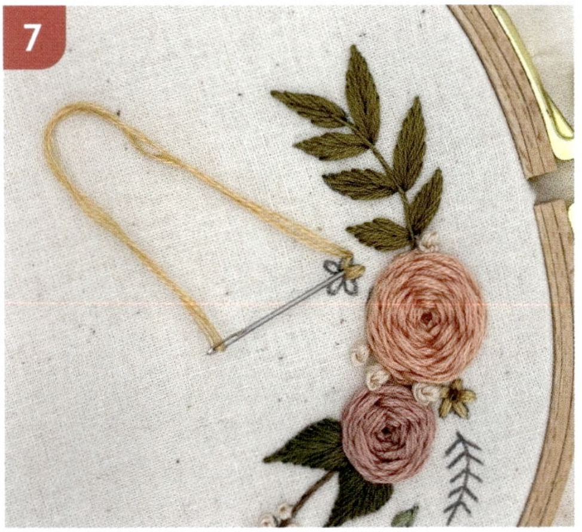

Die kleinen Blüten mit dem Plattstich und 2 Fäden in der Farbe Kork sticken. Die Blütenmitte mit dem Knötchenstich arbeiten, dafür ebenfalls 2 Fäden verwenden und diese 1-mal um die Nadel wickeln.

8

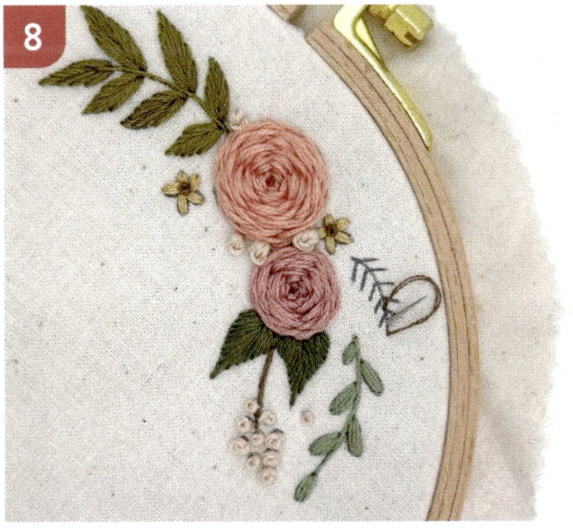

Zum Schluss mit 2 Fäden in Tundra dunkel die kleinen Äste mit dem Stielstich und dem Geradstich sticken.

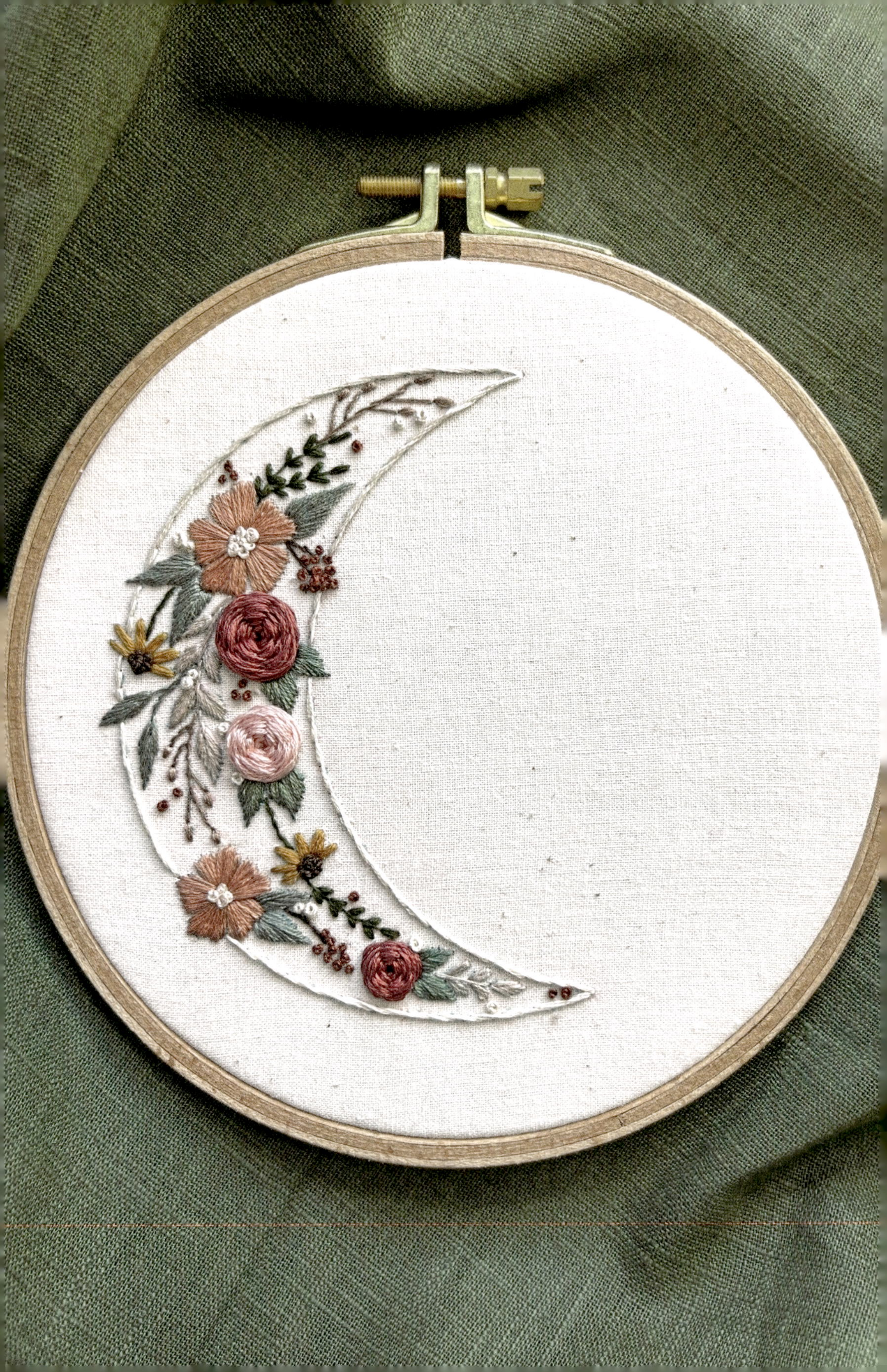

BLÜTENMOND

„Grow through what you go through!"

Schwierigkeitsgrad
MITTEL

Material

- spitze Sticknadel
- Schere
- Stickvlies und/oder Hitzestift zum Übertragen des Stickmotivs
- Stickrahmen, 16 cm ø
- Nesselstoff natur, 25 x 25 cm
- Sticktwist von Anchor in den Farben Ecru (390), Fraise (893), Altlila dunkel (1019), Rosenholz (914), Eukalyptusgrün (860), Ocker dunkel (901), Moorgrün (846), Dunkelbraun (1088), Schokobraun (936), Make-up hellbraun (1084), Marmorbeige (388)
- Sticktwist von Rico in der Farbe Graugrün (183)
- Vorlage auf Seite 83

Verwendete Stickstiche

- Plattstich (3-fädig)
- Stielstich (2- und 3-fädig)
- Margeritenstich (3-fädig)
- Grätenstich (3-fädig)
- Knötchenstich (3-fädig, mit 2 und 3 Umwicklungen)
- Webrose (6-fädig)
- Geradstich (2-fädig)

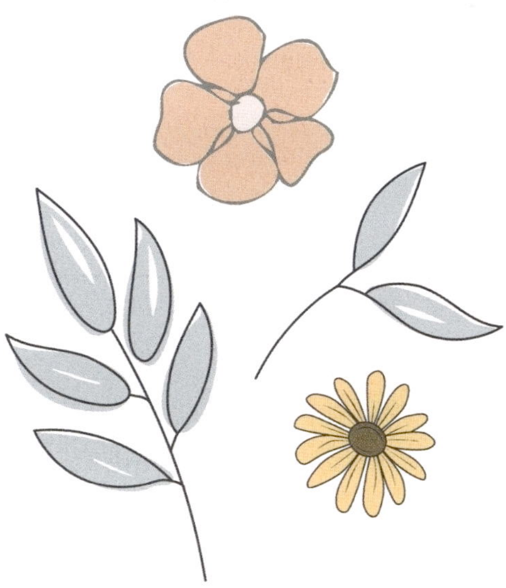

BLÜTENMOND

1

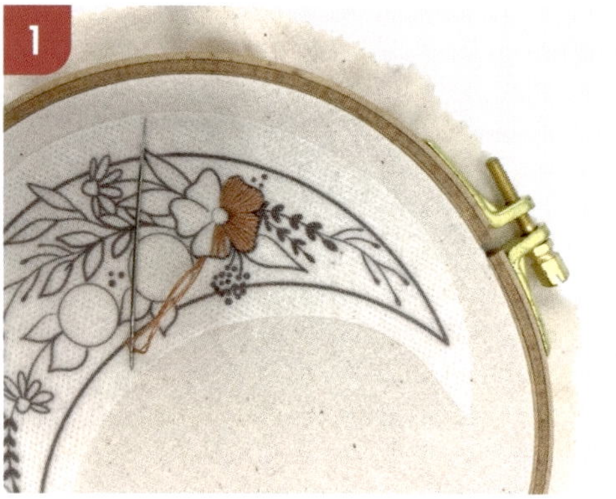

Mit einer der großen Blüten beginnen und diese mit dem Plattstich und 3 Fäden in Rosenholz arbeiten. Zunächst ein paar Hilfsstiche sticken, das erleichtert die Arbeit.

2

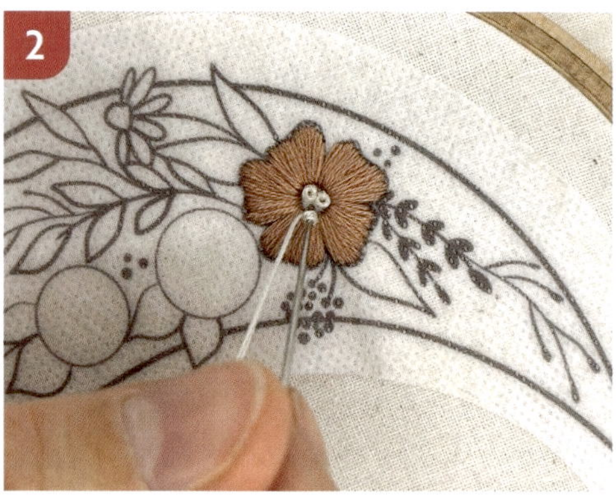

Die Blütenmitte mit dem Knötchenstich und 3 Fäden in Ecru sticken. Dabei das Garn 3-mal um die Nadel wickeln.

3

Als Nächstes die Blätter an den großen Blüten arbeiten. Dafür den Grätenstich und 3 Fäden in Graugrün verwenden.

4

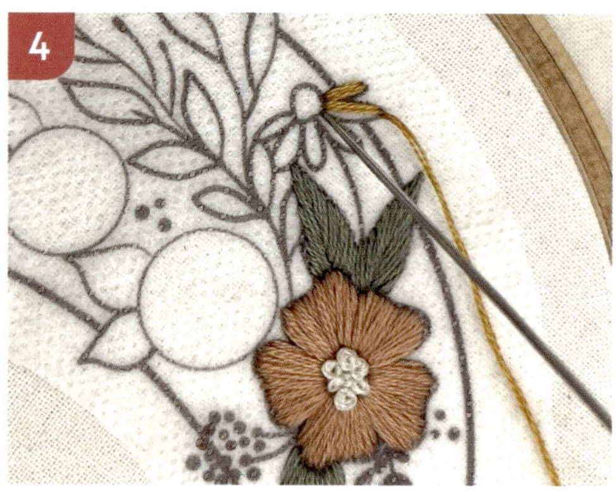

Die Blütenblätter der kleinen Margeriten mit dem Plattstich und 3 Fäden in Ocker dunkel sticken.

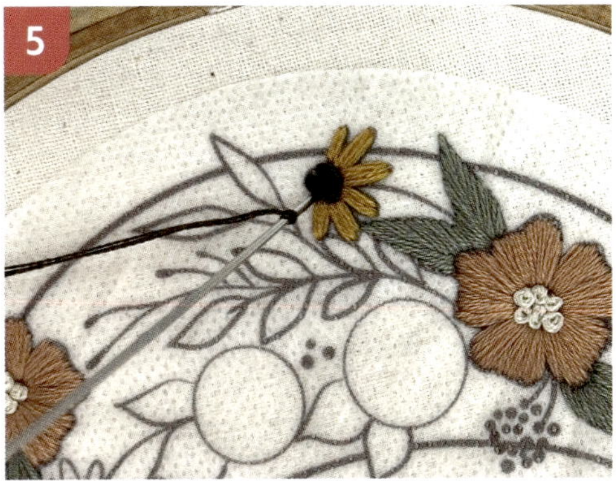

Dann die Blütenmitte mit dem Knötchenstich füllen. Dafür 3 Fäden in Dunkelbraun verwenden und den Faden 2-mal um die Nadel wickeln.

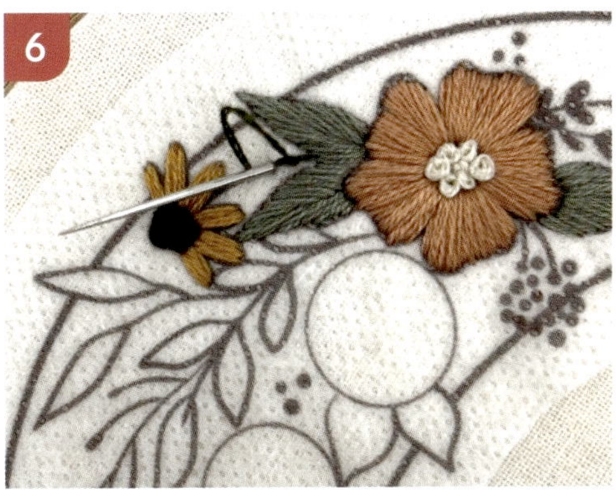

Den Stiel der Margerite mit dem Stielstich und 2 Fäden in Moorgrün arbeiten.

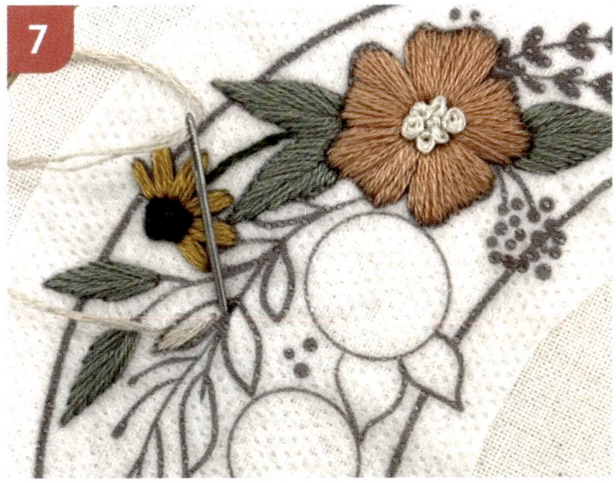

Anschließend die spitzen Blätter der Blätterranke mit dem Grätenstich und 3 Fäden in Marmorbeige sticken.

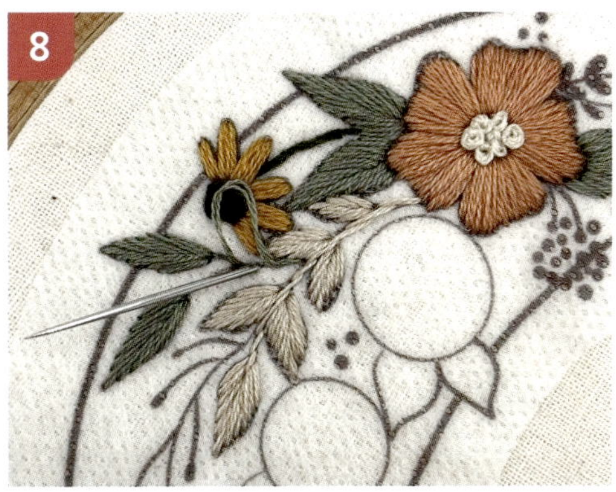

Die Stiele der Ranken mit einem 2-fädigen Stielstich ebenfalls in Marmorbeige arbeiten.

BLÜTENMOND

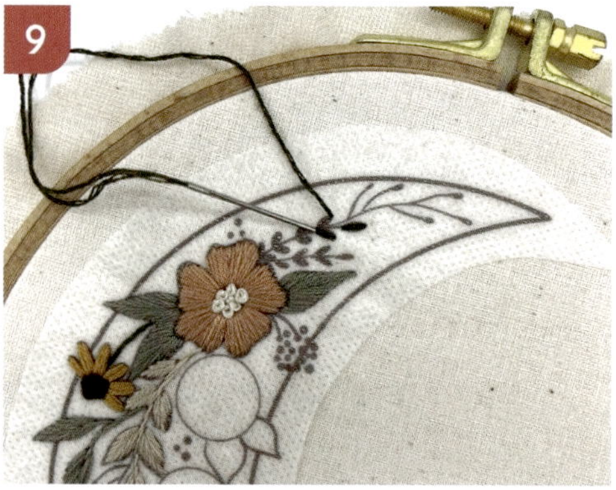

Die kleinen runden Blätterranken mit einem 3-fädigen Plattstich in Moorgrün sticken.

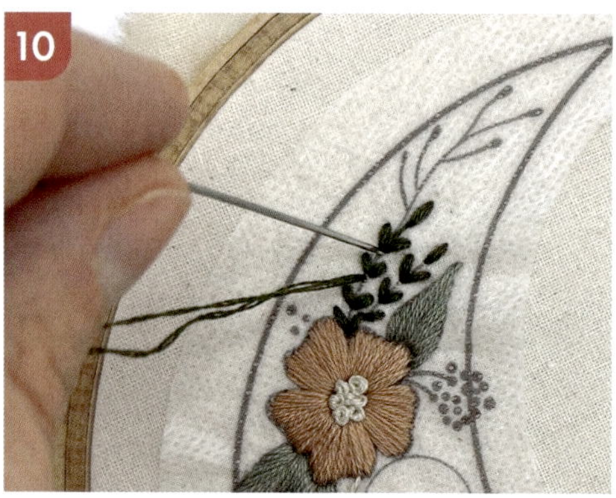

Dann den Stiel der Ranke mit einem 2-fädigen Stielstich und in Moorgrün sticken.

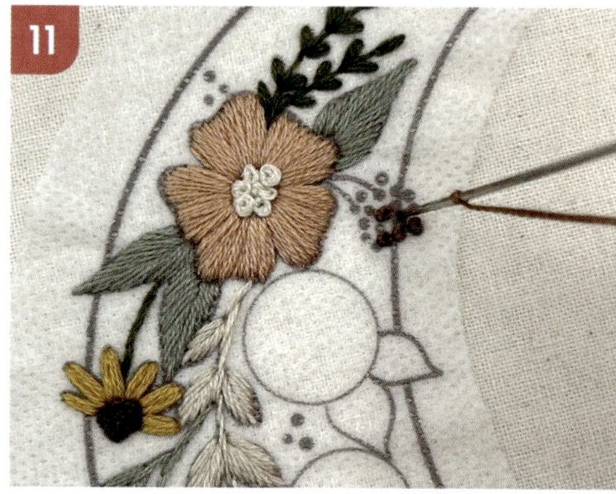

Als Nächstes die Beeren arbeiten. Diese mit dem Knötchenstich und 3 Fäden in Schokobraun sticken und dabei den Faden 2-mal um die Nadel wickeln. Den Stiel mit einem 2-fädigen Stielstich in Dunkelbraun sticken.

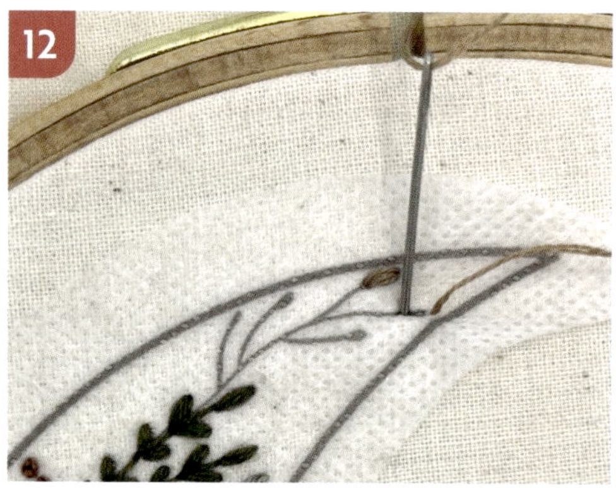

Die Enden des Trockenzweigs mit dem 3-fädigen Plattstich in der Farbe Make-up hellbraun sticken, den Stiel mit dem 3-fädigen Stielstich.

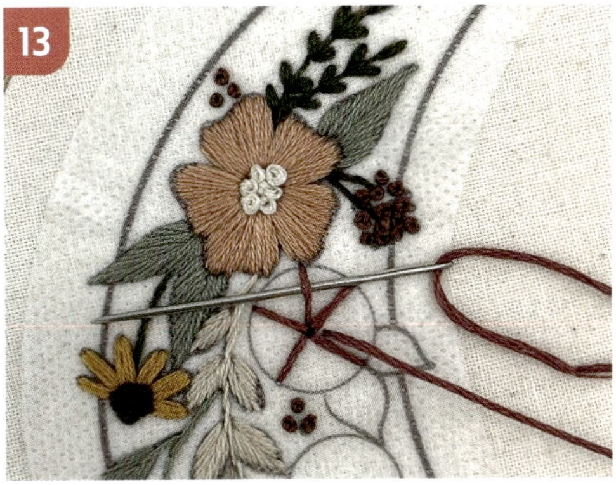

Die Rosen mit dem Webrosenstich und 6 Fäden in Fraise und Altlila dunkel sticken.

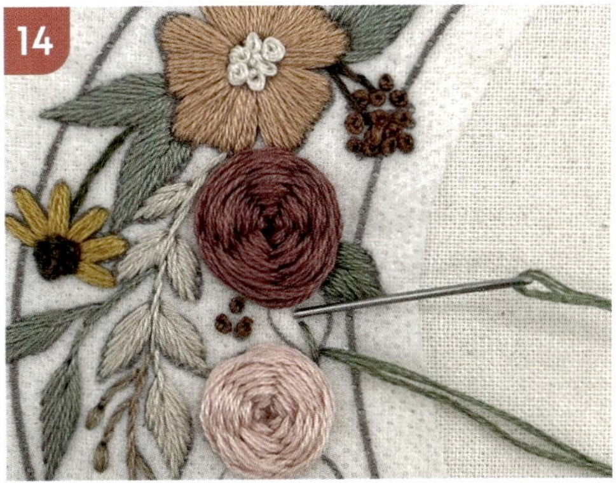

Die Rosenblätter mit dem Grätenstich und 3 Fäden in Eukalyptusgrün arbeiten.

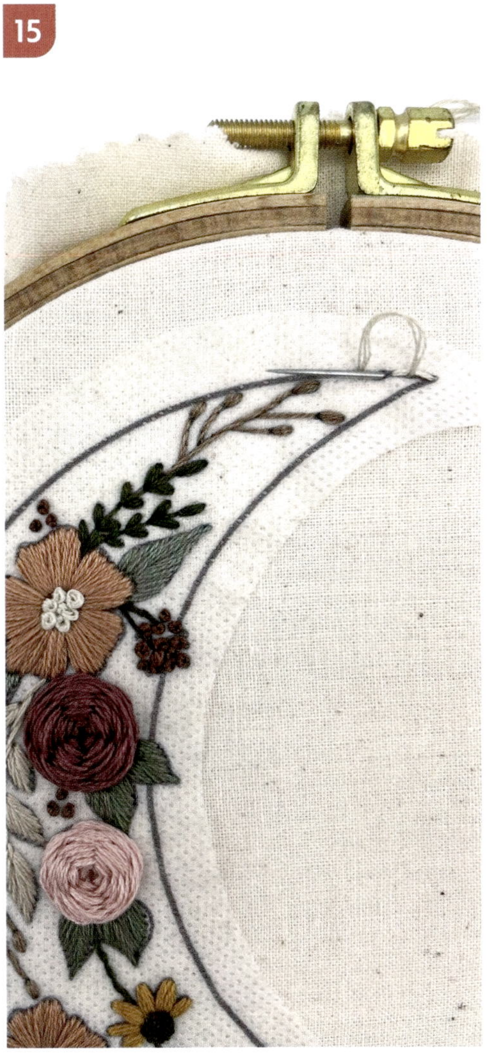

Zum Schluss die Konturen des Mondes mit einem 3-fädigen Stielstich in Ecru sticken.

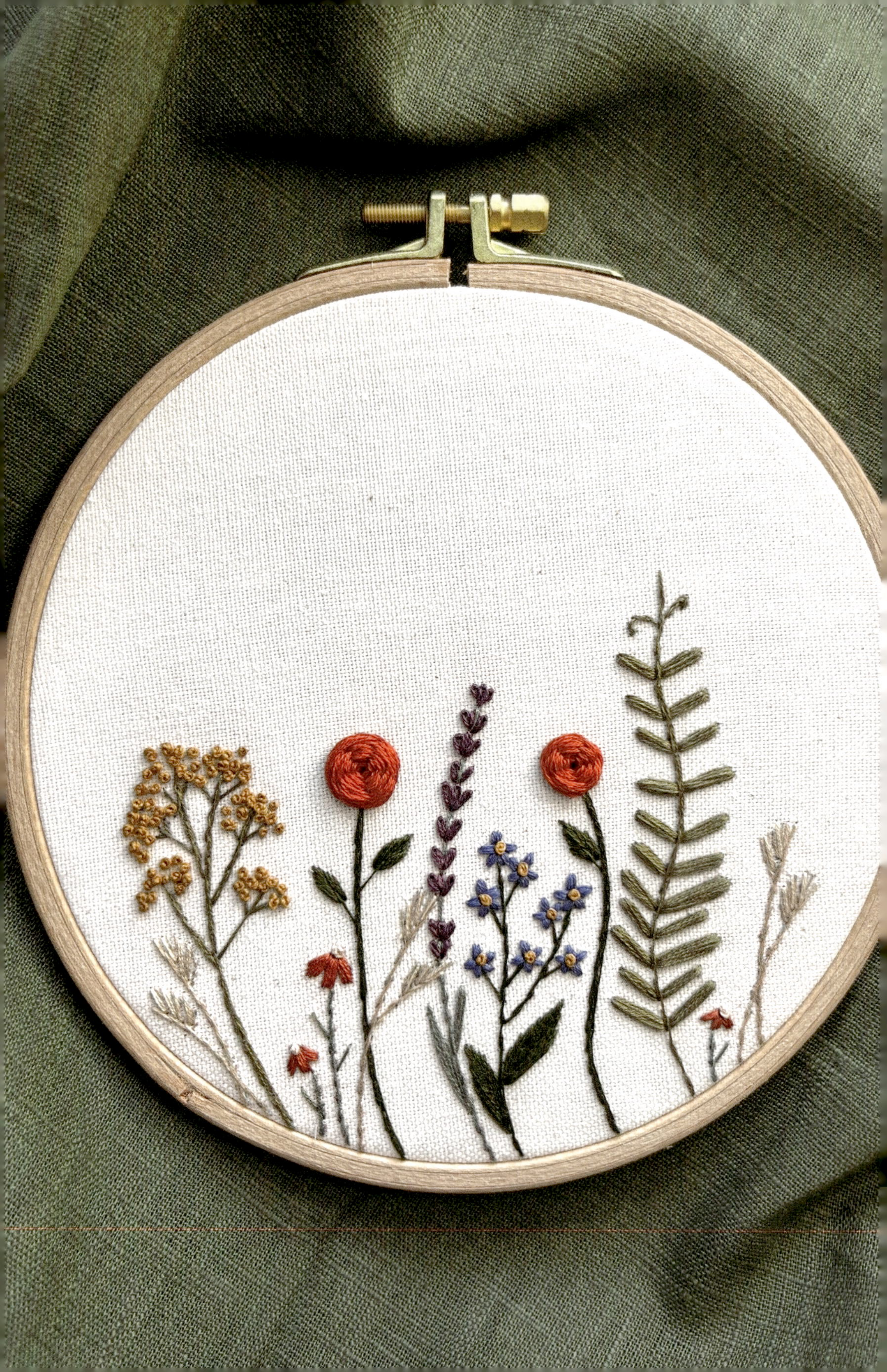

WIESENBLUMEN

„Blüht eine Blume nicht, dann ändert man die Umgebung, nicht die Blume“

Schwierigkeitsgrad
MITTEL

Material

- spitze Sticknadel
- Schere
- Stickvlies und/oder Hitzestift zum Übertragen des Stickmotivs
- Stickrahmen, 13 cm ø
- Nesselstoff natur, 25 x 25 cm
- Sticktwist von Anchor in den Farben Aubergine (873), Jeansblau mittel (122), Moorgrün (846), Ocker dunkel (901), Braunoliv (856), Rotbraun (5975), Saharabraun (372) und Rostrot (340)
- Sticktwist von Rico in den Farben Beige (226) und Graugrün (183)
- Vorlage auf Seite 84

Verwendete Stickstiche

- Knötchenstich (3-fädig, mit 1 und 2 Umwicklungen)
- Stielstich (2-fädig)
- Margeritenstich (3-fädig)
- Webrosenstich (6-fädig)
- Grätenstich (3-fädig)
- Plattstich (2- und 3-fädig)
- Geradstich (2-fädig)

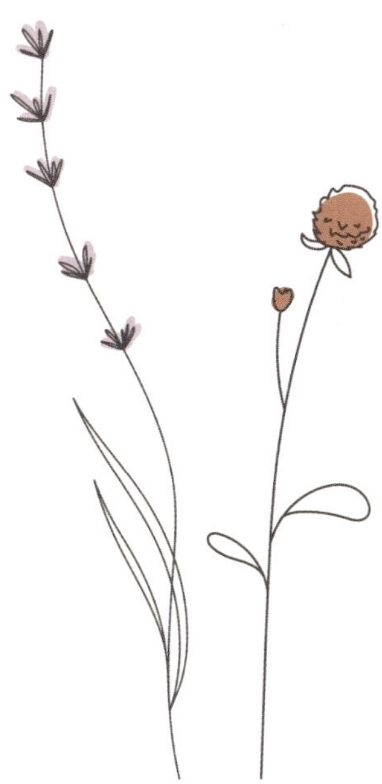

WIESENBLUMEN

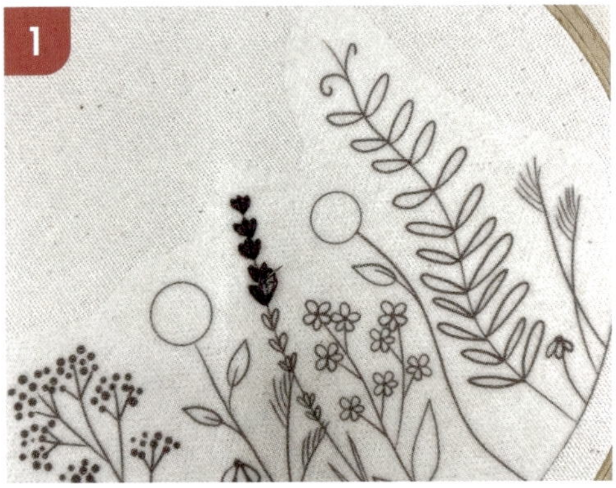

Zuerst die Lavendelblüten mit dem Margeritenstich und 3 Fäden in Aubergine sticken.

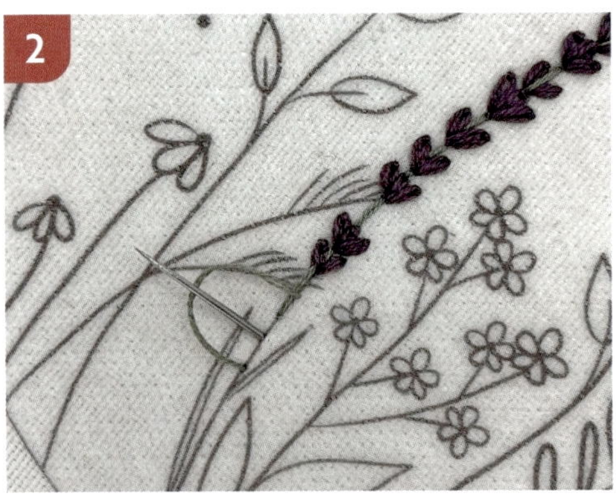

Den Lavendelstiel mit einem 2-fädigen Stielstich in Graugrün sticken.

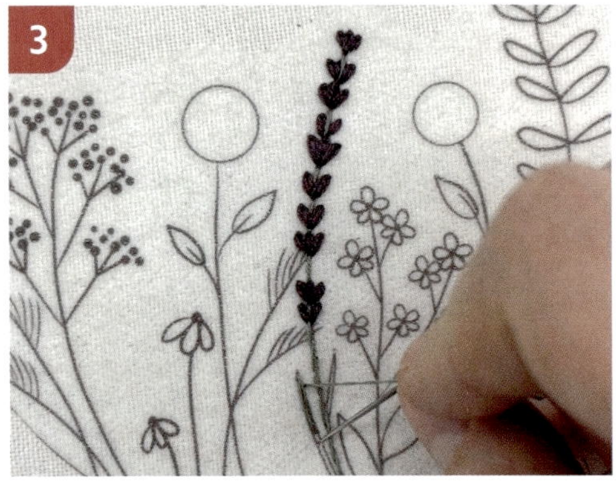

Mit derselben Farbe die spitzen Blätter des Lavendels mit dem Grätenstich und 3 Fäden arbeiten.

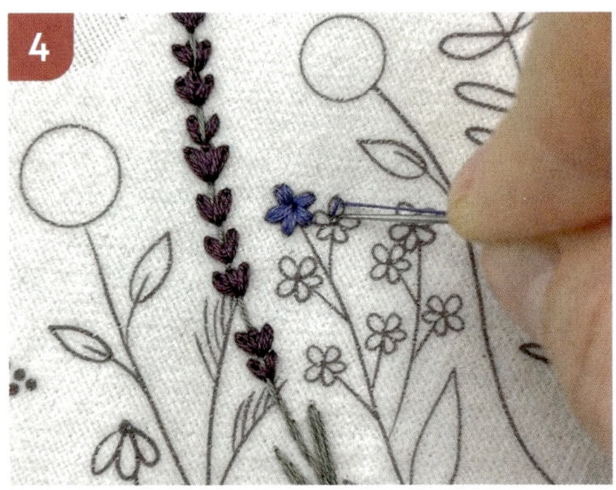

Nun mit dem Vergissmeinnicht fortfahren und die Blütenblätter mit dem Plattstich und 2 Fäden in Jeansblau mittel arbeiten.

5

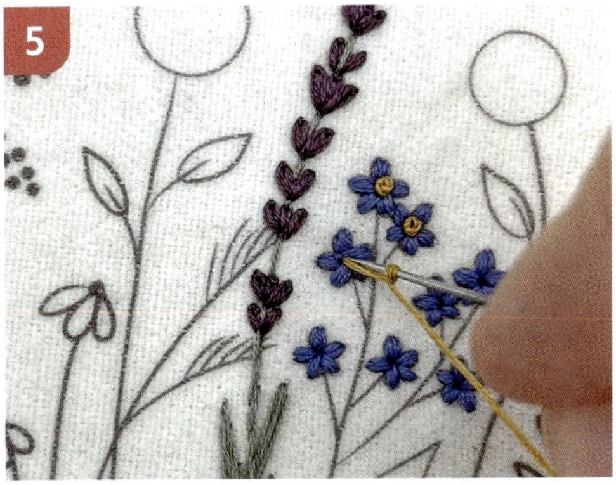

Die Blütenmitte mit dem Knötchenstich und 3 Fäden in Ocker dunkel sticken. Dabei das Garn 2-mal um die Nadel wickeln.

6

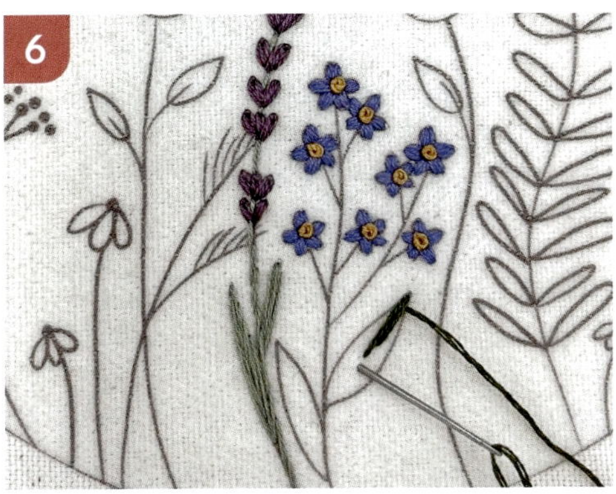

Die Blätter mit dem Grätenstich und 3 Fäden in Graugrün sticken.

7

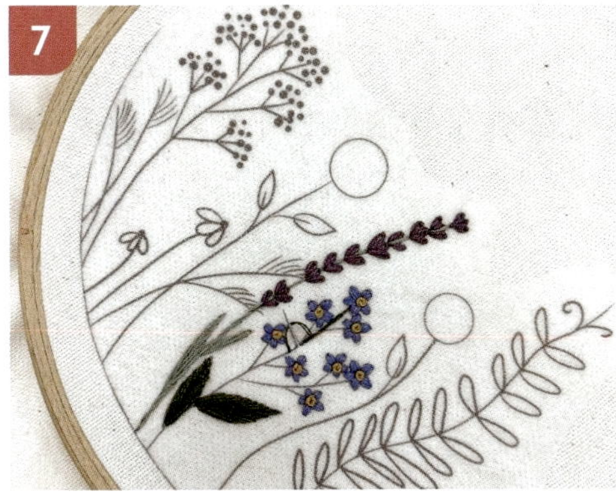

Mit derselben Farbe den Stiel mit einem 2-fädigen Stielstich sticken.

8

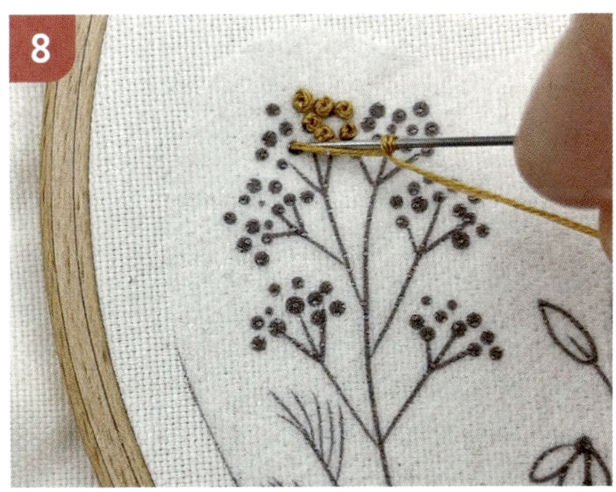

Als Nächstes die Fette Henne arbeiten. Die Blüten mit dem Knötchenstich und 3 Fäden in Ocker dunkel sticken, dabei das Garn 2-mal um die Nadel wickeln.

WIESENBLUMEN

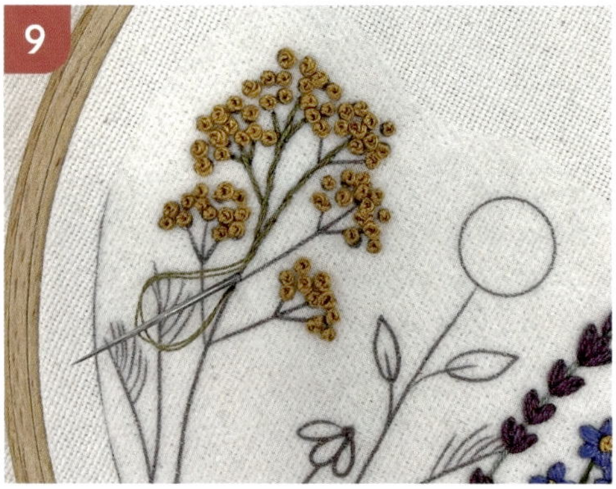

Den Stiel mit dem Stielstich und 2 Fäden in Braunoliv sticken.

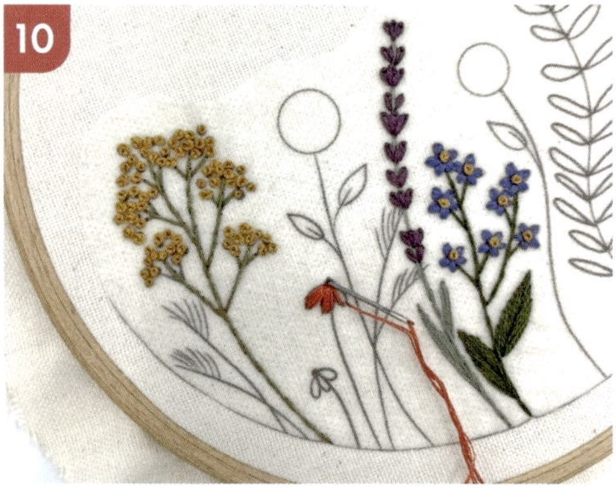

Dann den kleinen Sonnenhut arbeiten. Die Blütenblätter mit einem 2-fädigen Plattstich in Rotbraun sticken.

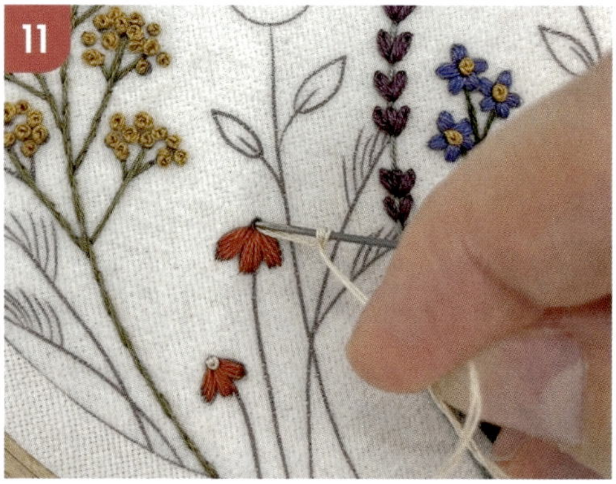

Die Blütenmitte mit dem Knötchenstich und 3 Fäden in Beige sticken, dabei das Garn 2-mal um die Nadel wickeln. Den Stiel in der Farbe Graugrün mit einem 2-fädigen Stielstich arbeiten.

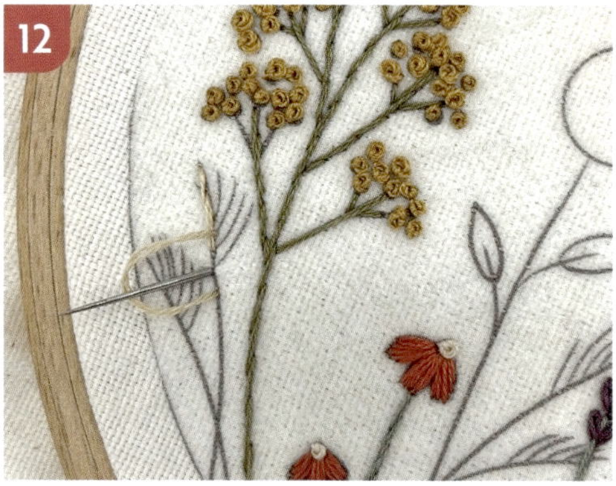

Das Trockengras mit dem Stielstich in Saharabraun sticken. Dabei für den Stiel mit 2 Fäden und für die kleinen Abzweigungen mit 1 Faden arbeiten.

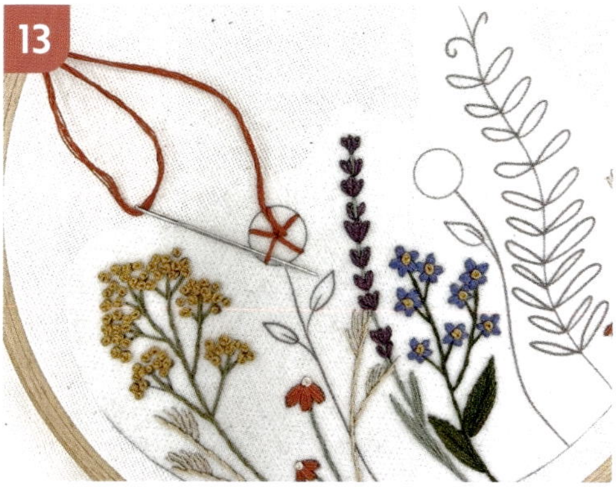

Nun die Rosenblüten mit dem Webrosenstich und 6 Fäden in Rostrot und den Rosenstiel mit dem Stielstich und 2 Fäden in Moorgrün sticken.

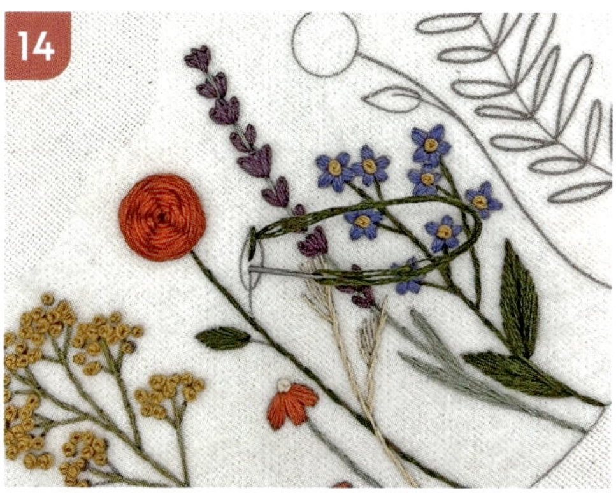

Anschließend die Rosenblätter mit dem Grätenstich und 3 Fäden in Moorgrün sticken. Diese dann mit einem 2-fädigen Geradstich mit dem Rosenstiel verbinden.

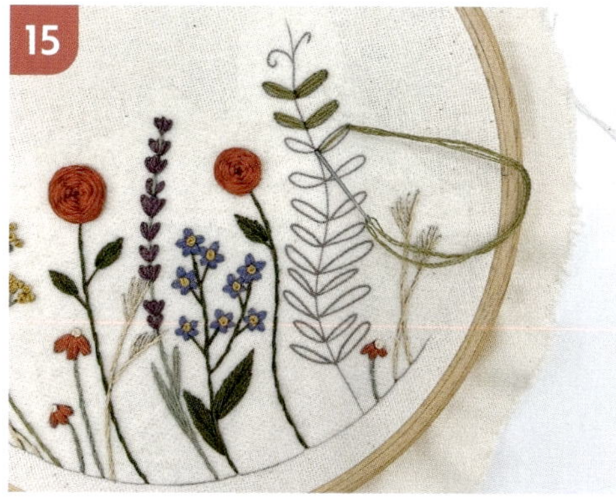

Dann mit der geschwungenen Blätterranke fortfahren. Die Blätter mit dem Plattstich und 3 Fäden in Braunoliv sticken.

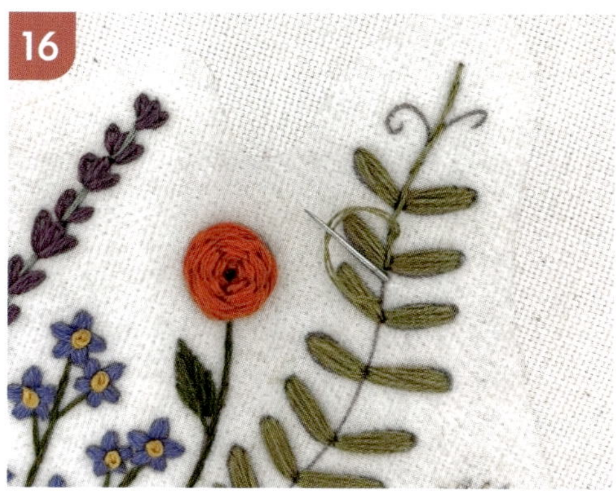

Zum Schluss mit 2 Fäden derselben Farbe den Stiel mit dem Stielstich sticken.

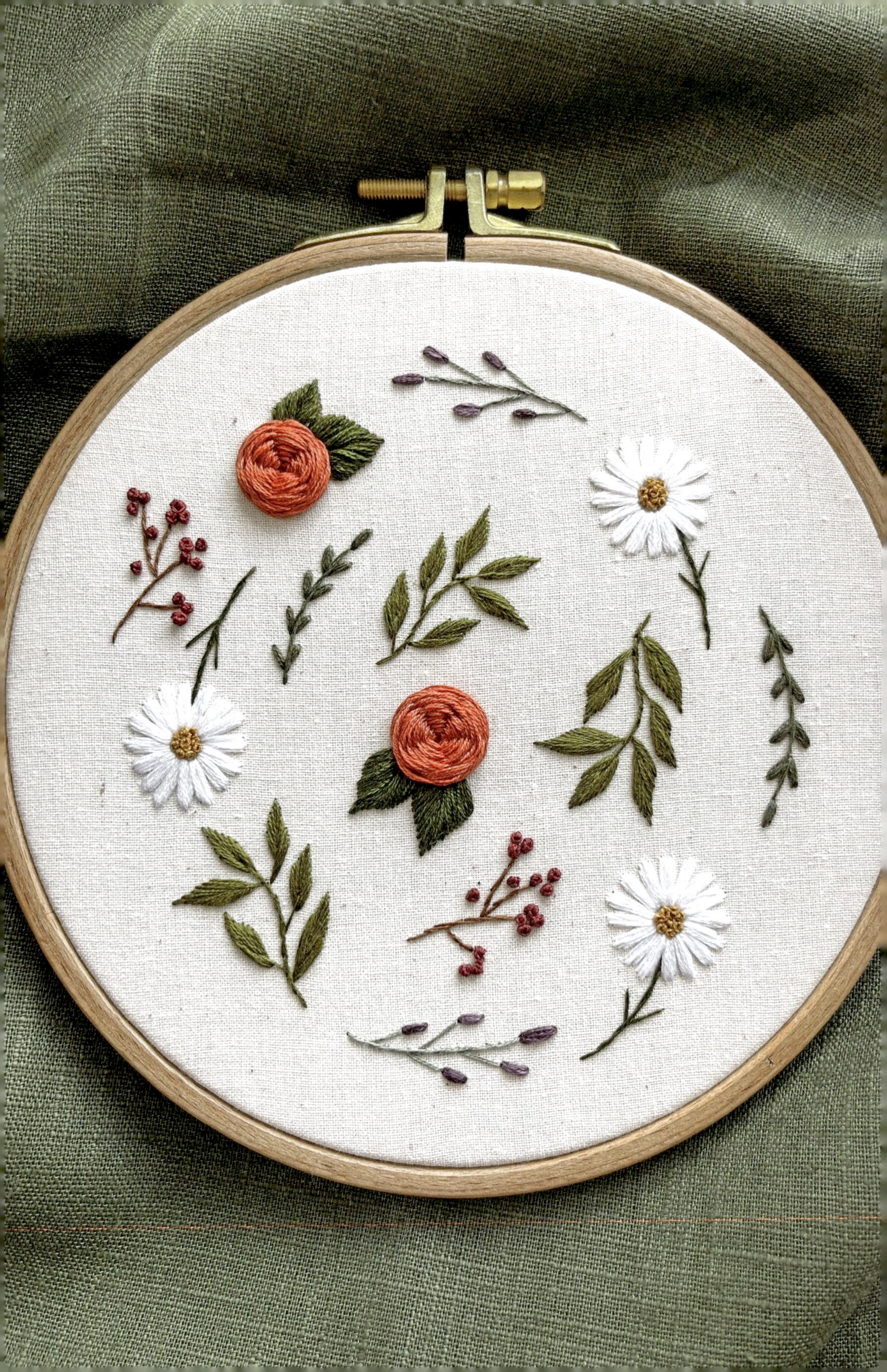

FLORALES MANDALA

„Blumen machen das Leben bunt und schön!"

Schwierigkeitsgrad
MITTEL

Material

- spitze Sticknadel
- Schere
- Stickvlies und/oder Hitzestift zum Übertragen des Stickmotivs
- Stickrahmen, 13 cm ø
- Nesselstoff natur, 25 x 25 cm
- Sticktwist von Anchor in den Farben Hochweiß (1), Curry (907), Moorgrün (846), Tabakbraun (358), Aubergine (873), Aubergine hell (872), Tundra dunkel (681), Dunkeloliv (924), Altrosa (970) und Rotbraun (5975)
- Sticktwist von Rico in der Farbe Graugrün (183)
- Vorlage auf Seite 85

Verwendete Stickstiche

- Plattstich (3-fädig)
- Stielstich (2-fädig)
- Geradstich (2- und 3-fädig)
- Grätenstich (3- und 6-fädig)
- Knötchenstich (3-fädig, mit 2 Umwicklungen; 6-fädig, mit 1 Umwicklung)
- Webrose (6-fädig)

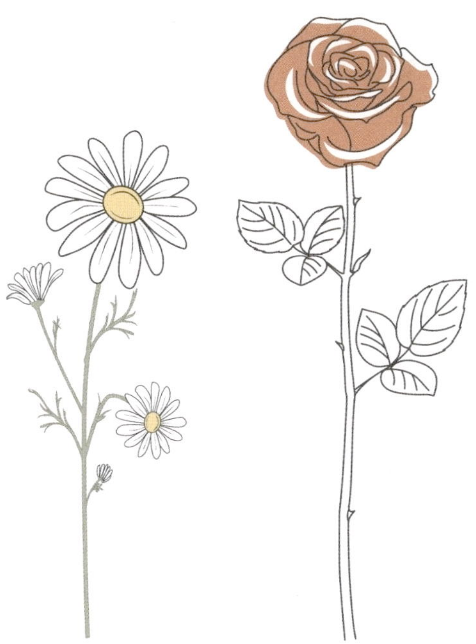

FLORALES MANDALA

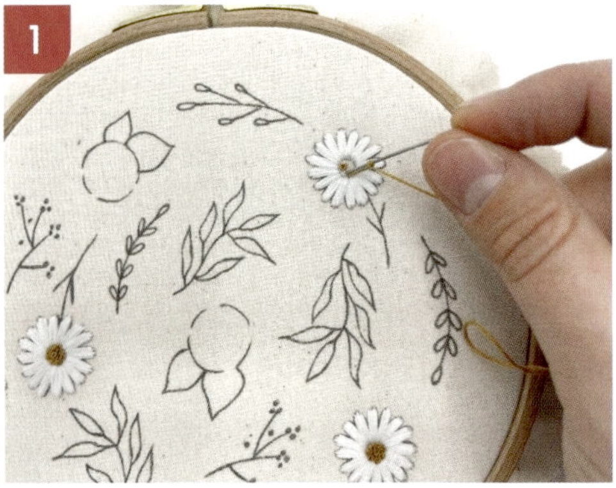

Als Erstes die Margeriten sticken. Dafür von außen nach innen mit dem Plattstich und 3 Fäden in Hochweiß die Blütenblätter sticken. Mit 3 Fäden in Curry die Blütenmitte mit dem Knötchenstich sticken, dabei das Garn 2-mal um die Sticknadel wickeln.

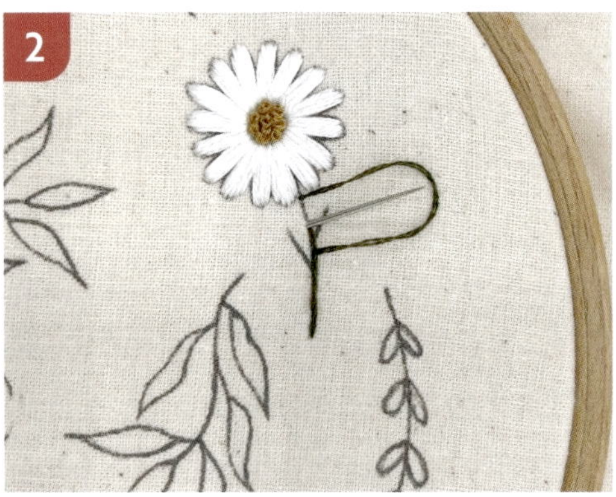

Den Stiel mit dem Stielstich und 2 Fäden in Moorgrün sticken. Ebenfalls mit 2 Fäden derselben Farbe die kleinen Blätterzweige mit dem Geradstich sticken.

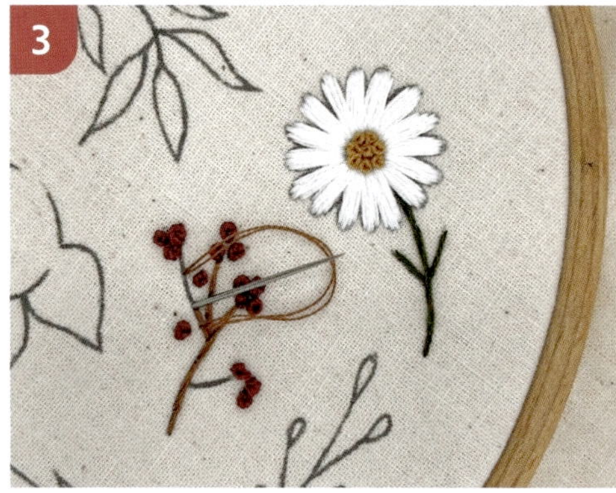

Als Nächstes die Beerenzweige arbeiten. Die Beeren mit dem Knötchenstich mit 6 Fäden in Altrosa sticken, dabei das Garn einmal um die Nadel wickeln. Den Stiel und die Abzweigungen mit dem Stielstich und 2 Fäden in Tabakbraun sticken.

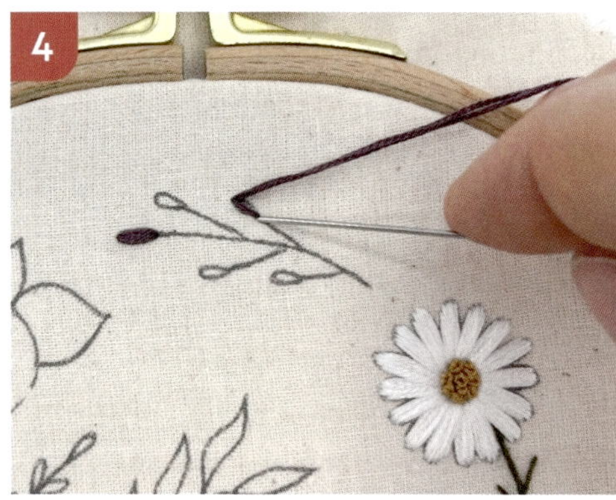

Mit dem Zweig mit den kleinen Knospen fortfahren. Die Knospen mit einem 3-fädigen Plattstich in Aubergine und Aubergine hell sticken, den Stiel mit einem 2-fädigen Stielstich in Graugrün arbeiten.

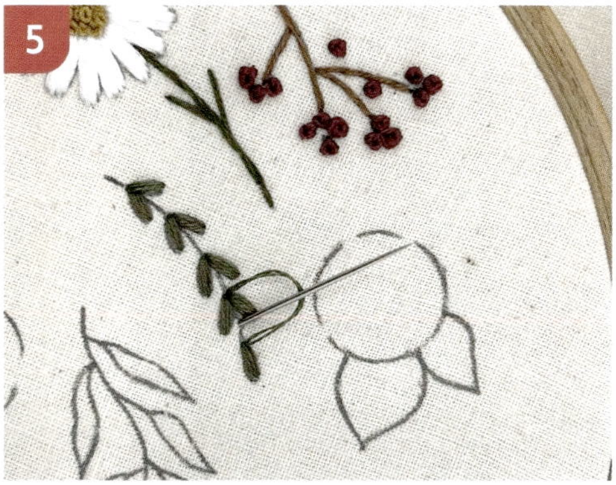

Nun in Tundra dunkel die runden Blätterzweige arbeiten und die Blätter mit dem 3-fädigen Plattstich, den Stiel mit dem 2-fädigen Stielstich sticken.

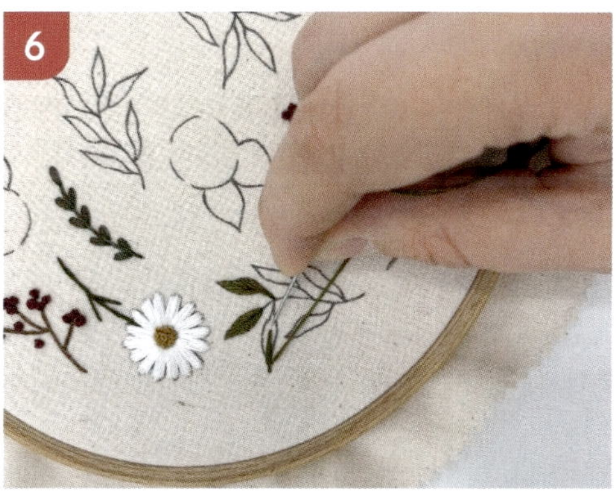

Die spitzen Blätterranken in Dunkeloliv arbeiten, die Blätter mit einem 3-fädigen Grätenstich und die zugehörigen Zweige mit einem 2-fädigen Stielstich.

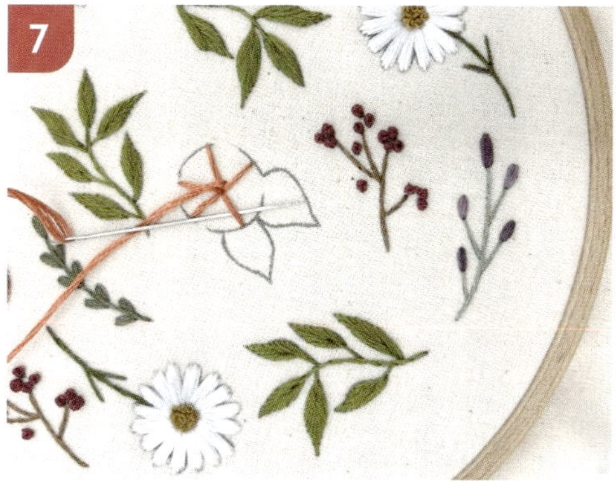

Nun die Rosen mit dem Webrosenstich und 6 Fäden in Rotbraun sticken.

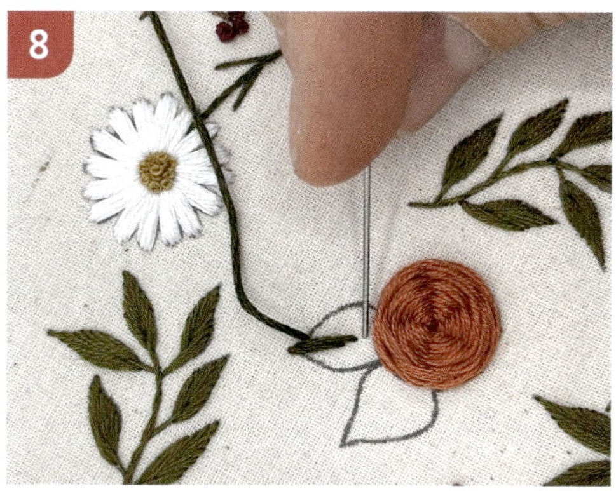

Zum Schluss die Rosenblätter mit dem Grätenstich und 6 Fäden in Moorgrün sticken.

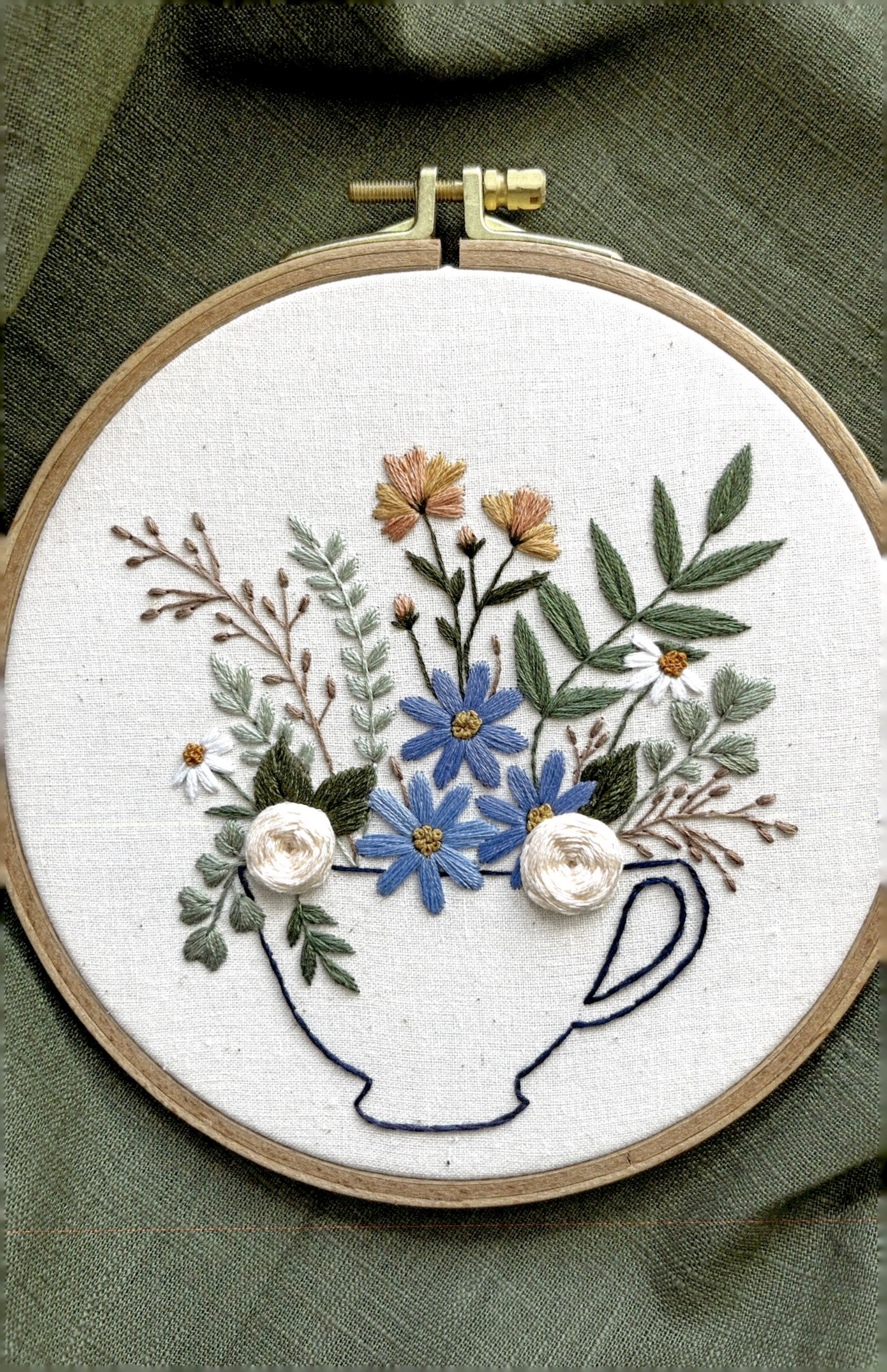

TASSE MIT BLUMEN

„Let it bloom!"

Schwierigkeitsgrad
ANSPRUCHSVOLL

Material

- spitze Sticknadel
- Stickvlies und/oder Hitzestift zum Übertragen des Stickmotivs
- Schere
- Stickrahmen, 16 cm ø
- Nesselstoff natur, 25 x 25 cm
- Sticktwist von Anchor in den Farben Salm (883), Goldbraun hell (1045), Moorgrün (846), Porzellanblau (176), Bleu (175), Currybraun (907), Pappelgrün (262), Estragongrün (859), Kakaobraun (379), Graugrün (858), Hochweiß (1), Gold (308) und Haut hell (1009)
- Sticktwist von Rico in der Farbe Blau (125)
- Vorlage auf Seite 86

Verwendete Stickstiche

- Plattstich (3-fädig)
- Webrose (6-fädig)
- Stielstich (2-fädig)
- Grätenstich (3- und 6-fädig)
- Knötchenstich (3-fädig, mit 2 Umwicklungen)

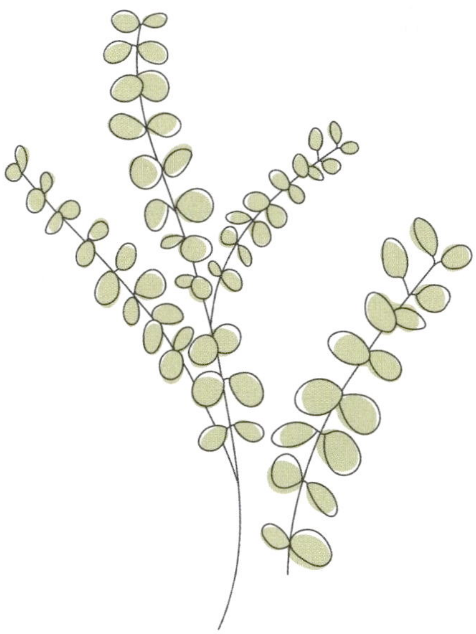

TASSE MIT BLUMEN

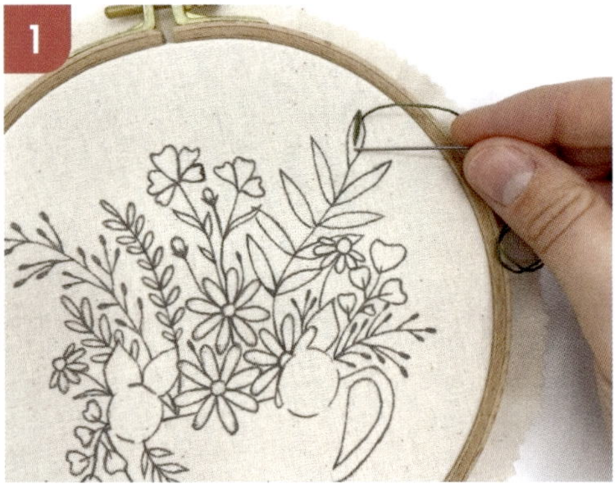

Zuerst die Ranke mit den spitzen Blättern arbeiten. Die Blätter mit dem Grätenstich und 3 Fäden in Pappelgrün sticken, dabei die Stiche abwechselnd von rechts und links über die Mitte führen.

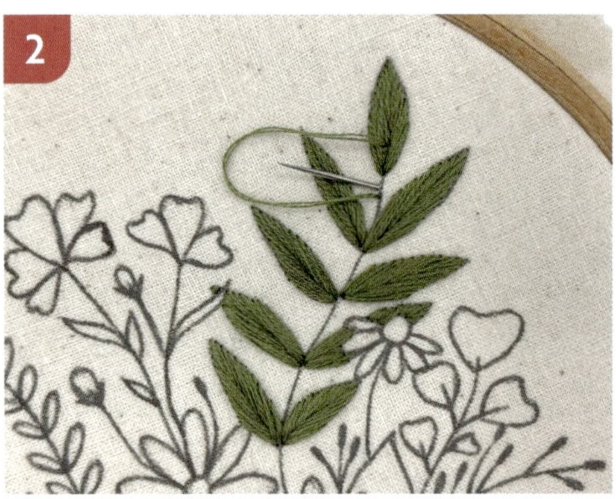

Den Stiel mit einem 2-fädigen Stielstich in derselben Farbe sticken.

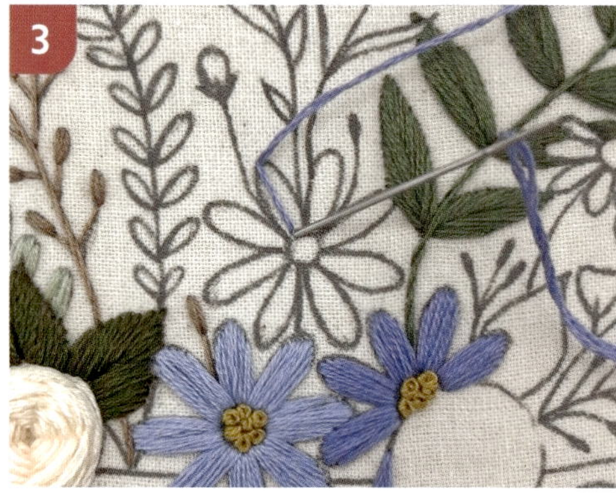

Dann die Blütenblätter der Kornblume mit dem Plattstich und 3 Fäden in Bleu und Porzellanblau sticken.

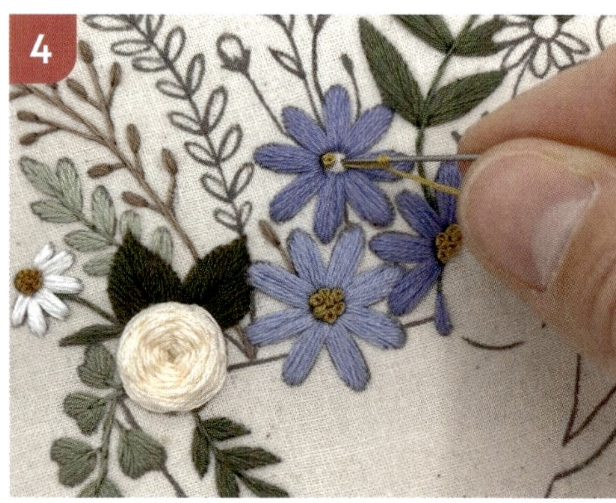

Nun die Blütenmitte mit dem Knötchenstich und 3 Fäden in Currybraun sticken, dabei das Garn 2-mal um die Sticknadel wickeln.

5

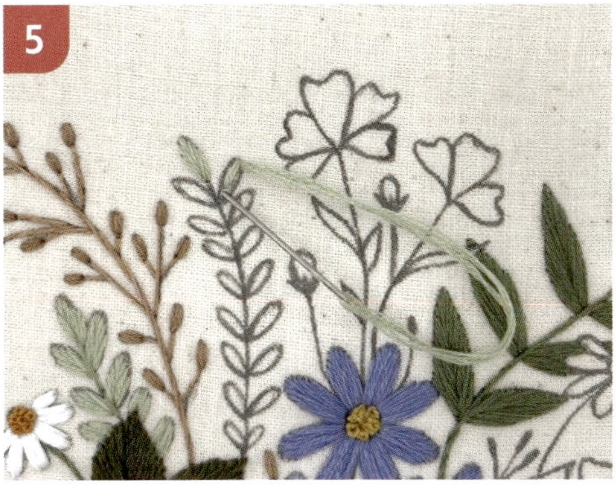

Mit der Blätterranke mit den ovalen Blättern fortfahren. Die Blätter mit dem Grätenstich und 3 Fäden in Graugrün sticken, dabei die Stiche abwechselnd rechts und links der Mitte setzen.

6

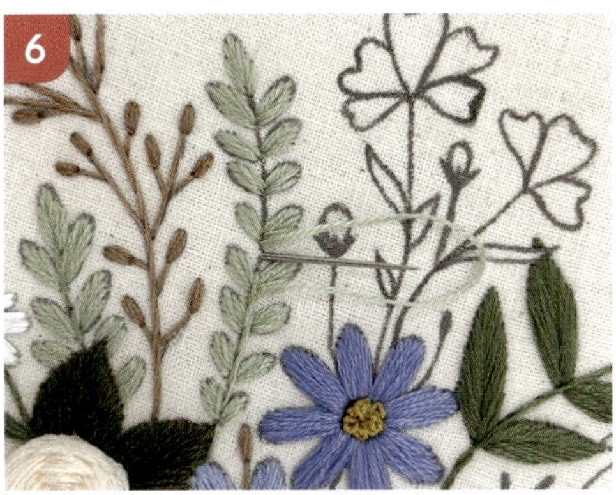

Den Stiel mit einem 2-fädigen Stielstich in Graugrün sticken.

7

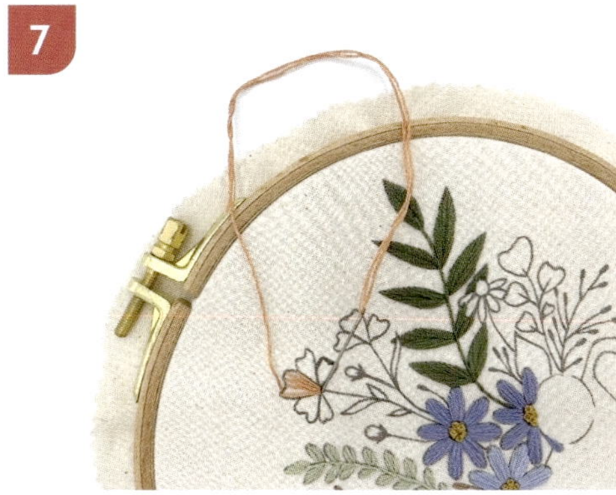

Nun die geöffneten Blüten arbeiten und die Blütenblätter mit dem Plattstich und 3 Fäden in den Farben Salm und Goldbraun hell sticken. Für ein sauberes Stickbild am besten zunächst Hilfslinien aufsticken und dann die Zwischenräume ausfüllen.

8

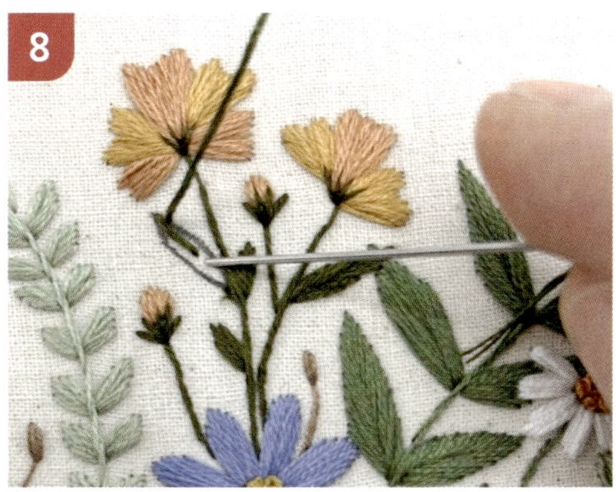

Die zugehörigen Blätter mit einem 3-fädigen Grätenstich in Moorgrün, den Stiel mit einem 2-fädigen Stielstich in derselben Farbe sticken.

TASSE MIT BLUMEN

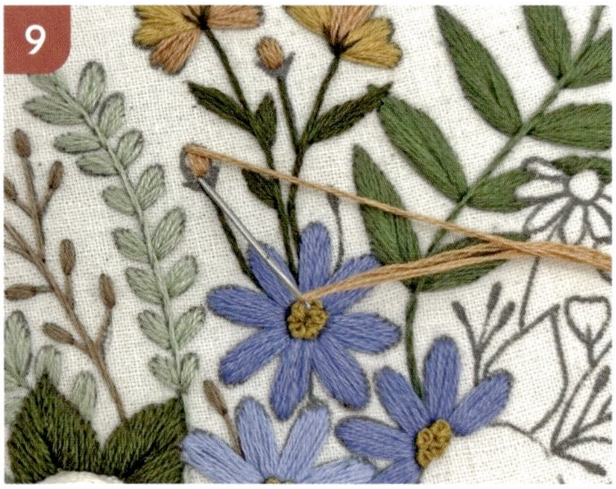

Dann die kleinen Knospen im 3-fädigen Plattstich in Salm und den zugehörigen Stiel wieder mit einem 2-fädigen Stielstich in Moorgrün sticken.

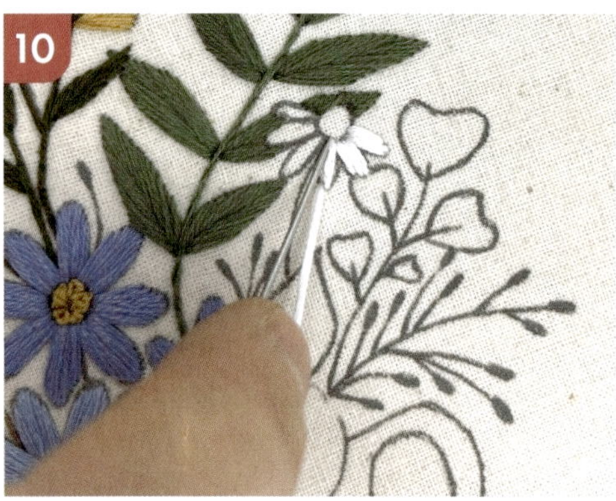

Mit den Margeriten fortfahren. Die Blüten mit dem Plattstich und 3 Fäden in Hochweiß sticken.

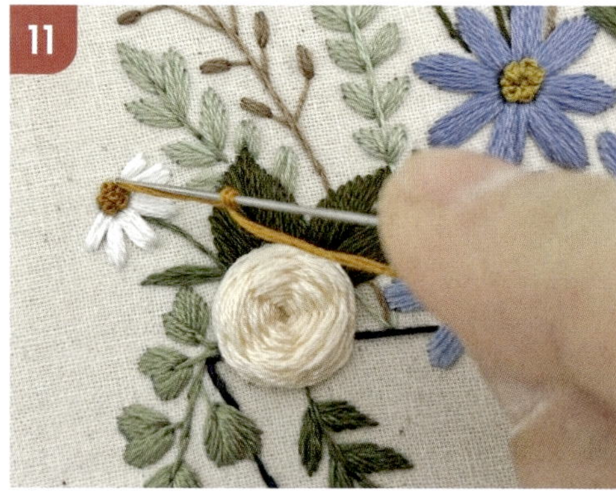

Die Blütenmitte der Margerite mit dem Knötchenstich und 3 Fäden in Gold sticken, dabei das Garn 2-mal um die Nadel wickeln. Den Stiel mit dem Stielstich und 2 Fäden in Pappelgrün arbeiten. Das Blatt der Margerite mit 3 Fäden in Pappelgrün und dem Grätenstich sticken.

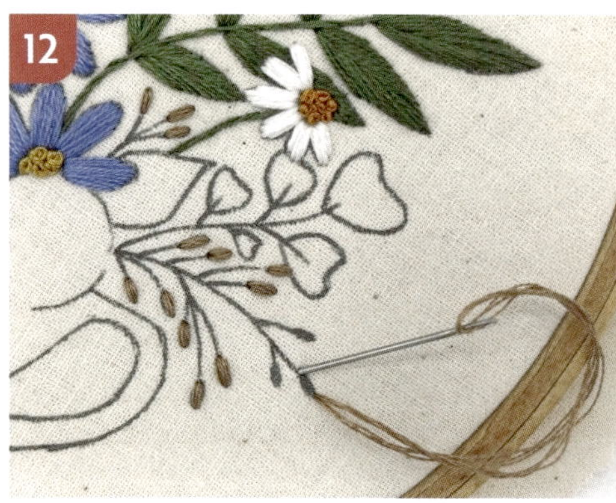

Anschließend das Trockengras in Kakaobraun arbeiten. Die kleinen Knospen mit dem Plattstich und 3 Fäden, den Stiel mit dem Stielstich und 2 Fäden sticken.

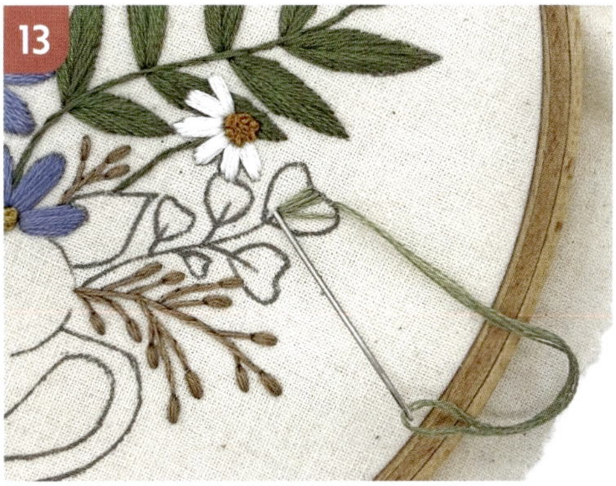

Nun den Eukalyptus in Estragongrün arbeiten. Die Blätter mit einem 3-fädigen Plattstich, den Stiel mit einem 2-fädigen Stielstich sticken.

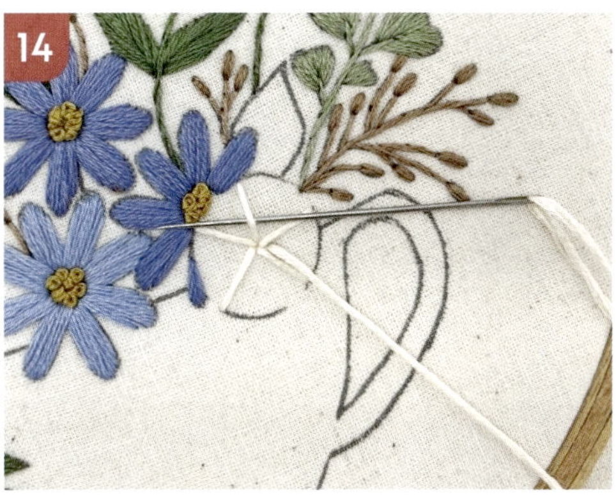

Die Rosen mit dem Webrosenstich und 6 Fäden in der Farbe Haut hell arbeiten. Dafür zunächst 5 „Schenkel" aufsticken und dann um diese herumweben.

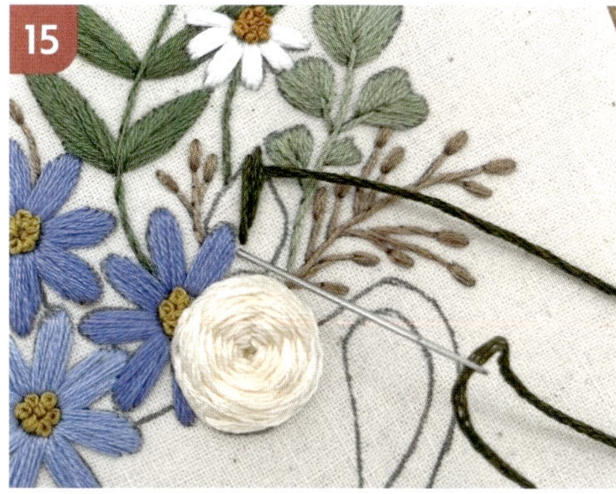

Anschließend die Rosenblätter mit dem Grätenstich und 6 Fäden in Moorgrün sticken.

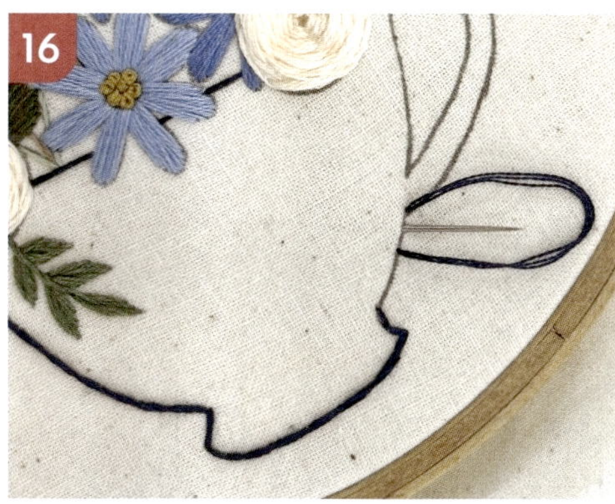

Zuletzt die Konturen der Tasse mit einem 3-fädigen Stielstich in Blau sticken.

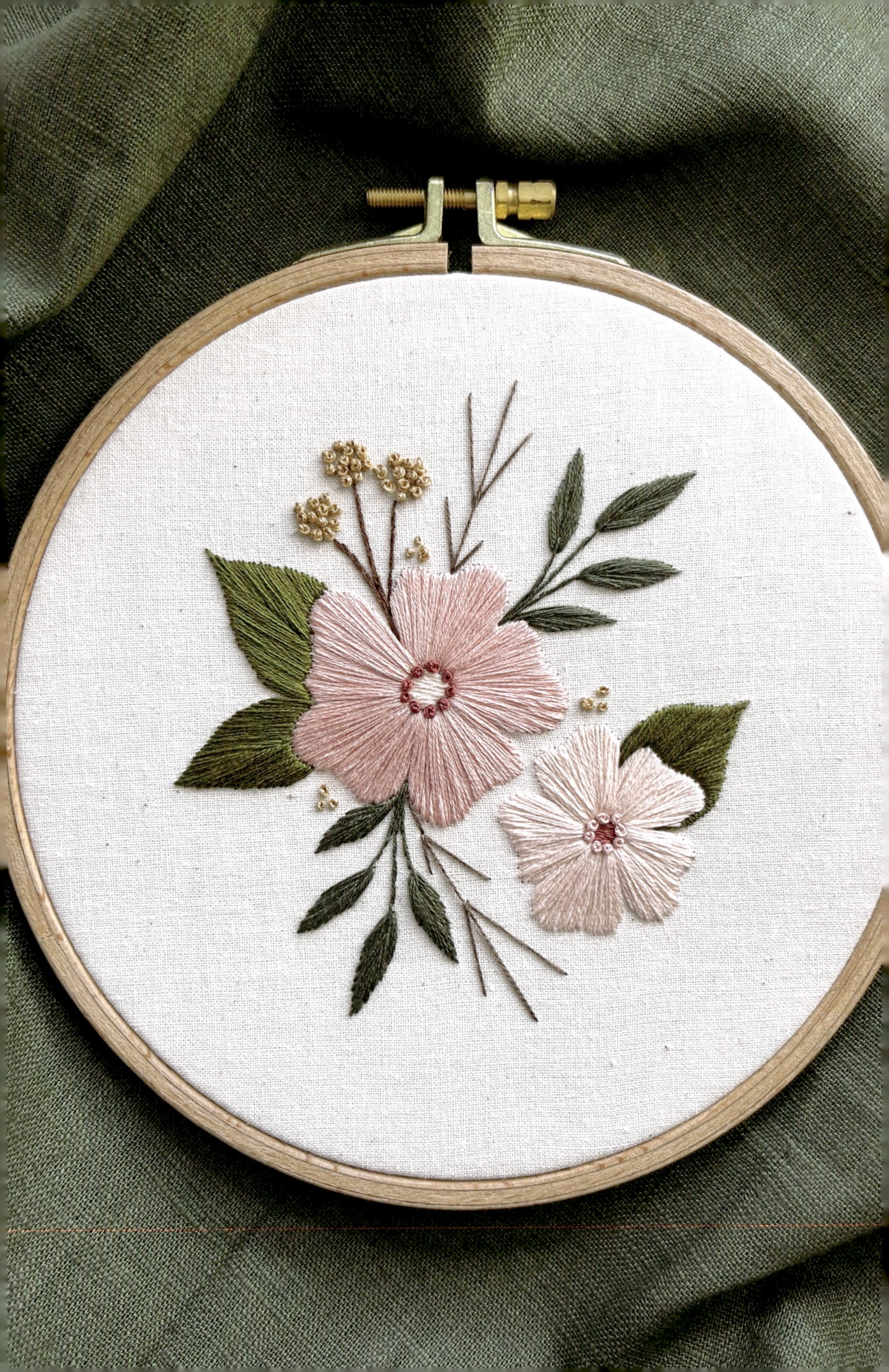

BLÜTEN IN ROSÉ

„Wer anderen eine Blume sät, blüht selber auf!"

Schwierigkeitsgrad
ANSPRUCHSVOLL

Material

- spitze Sticknadel
- Schere
- Stickvlies und/oder Hitzestift zum Übertragen des Stickmotivs
- Stickrahmen, 16 cm ø
- Nesselstoff natur, 25 x 25 cm
- Sticktwist von Anchor in den Farben Blassrosa (892), Ecru (390), Fraise (893), Granat dunkel (896), Kork (943), Kaffeebraun (360), Dunkeloliv (924) und Tundra dunkel (681)
- Sticktwist von Rico in der Farbe Beige (229)
- Vorlage auf Seite 87

Verwendete Stickstiche

- Knötchenstich (3-fädig, mit 2 und 3 Umwicklungen)
- Geradstich (2-fädig)
- Plattstich (3-fädig)
- Grätenstich (3-fädig)
- Stielstich (2-fädig)

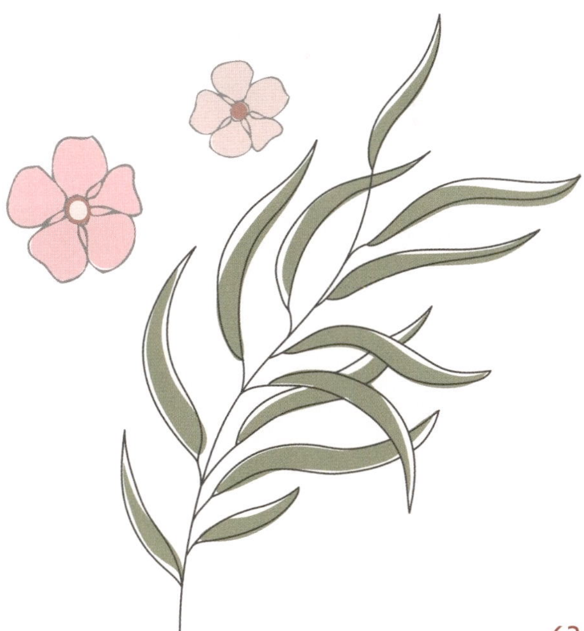

BLÜTEN IN ROSÉ

1

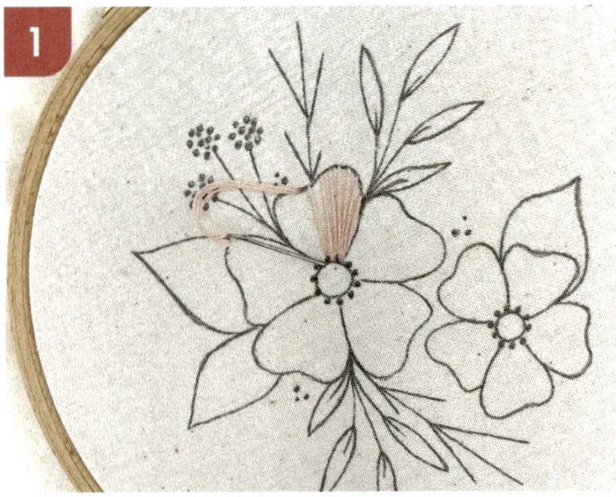

Mit den beiden großen Blumen beginnen und die Blütenblätter mit dem Plattstich und 3 Fäden in Blassrosa und Fraise arbeiten. Dafür zunächst Hilfsstiche von außen nach innen setzen und die Lücken dazwischen nach und nach ausfüllen.

2

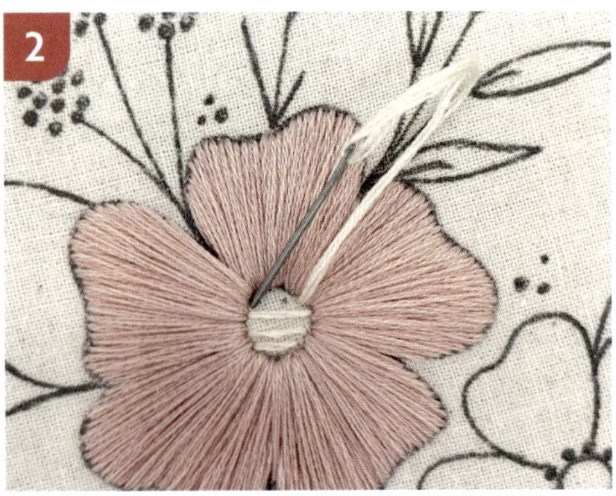

Dann die Blütenmitte mit einem 3-fädigen Plattstich in Ecru sticken. Hier ebenfalls wieder zuvor Hilfsstiche aufsticken, dieses Mal sollten sie jedoch diagonal verlaufen.

3

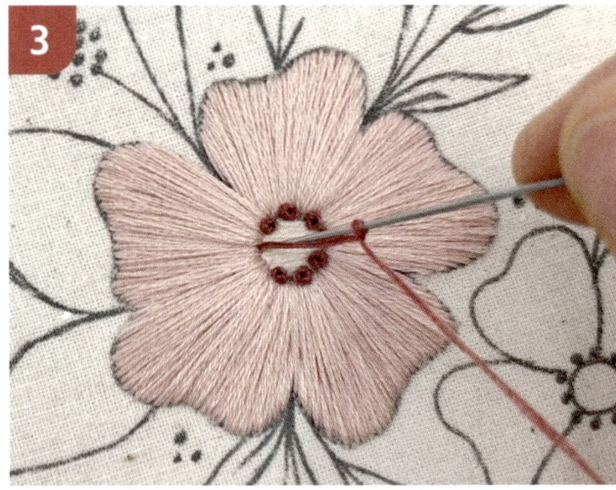

Nun die Kontur der Blütenmitte noch mit kleinen Knötchen verzieren. Diese mit dem Knötchenstich und 3 Fäden in Granat dunkel aufsticken und dabei das Garn 2-mal um die Nadel wickeln.

4

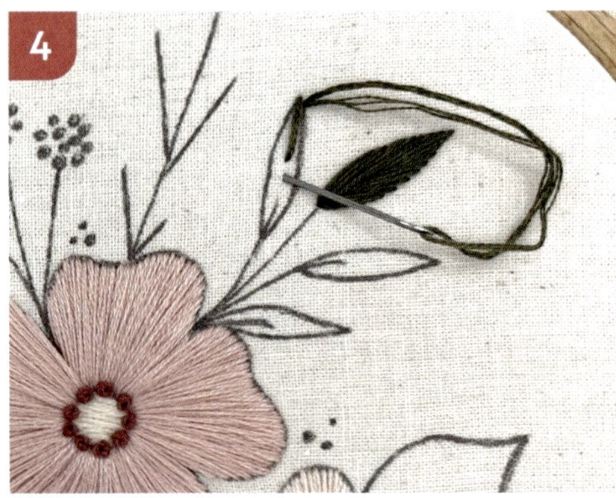

Nun in Tundra dunkel die spitzen Blätterranken arbeiten. Die Blätter mit einem 3-fädigen Grätenstich und den Stiel mit einem 2-fädigen Stielstich sticken.

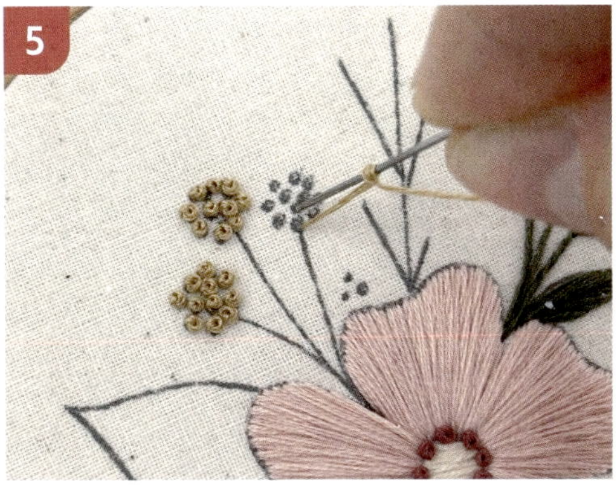

Die Knospen am Stiel mit dem Knötchenstich und 3 Fäden in der Farbe Kork sticken, dabei das Garn 3-mal um die Nadel wickeln.

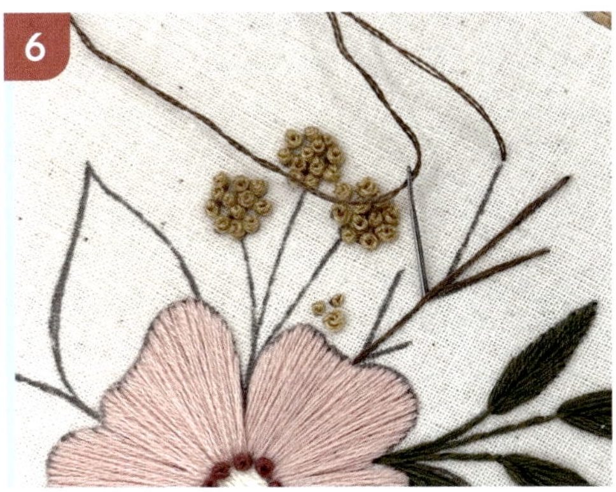

Die zwei kleinen Äste mit einem 2-fädigen Geradstich in Beige sticken.

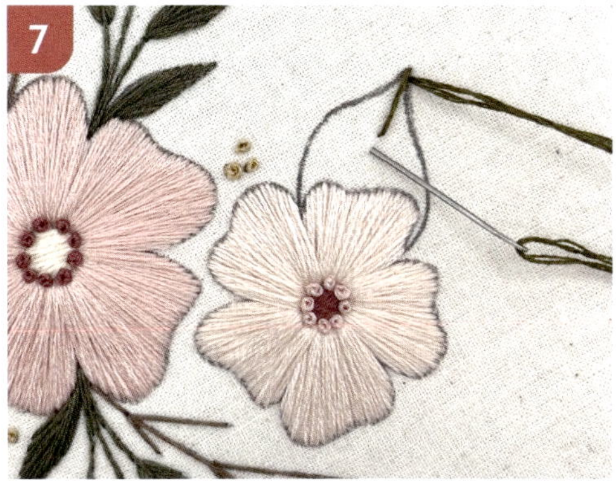

Als Nächstes mit dem Grätenstich und 3 Fäden in Dunkeloliv die Blätter an den großen Blumen sticken.

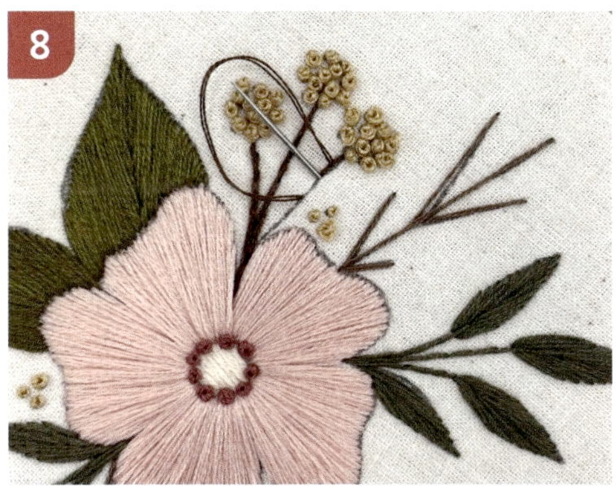

Zum Schluss den Stiel der Knospenblume mit einem 2-fädigen Stielstich in Kaffeebraun sticken.

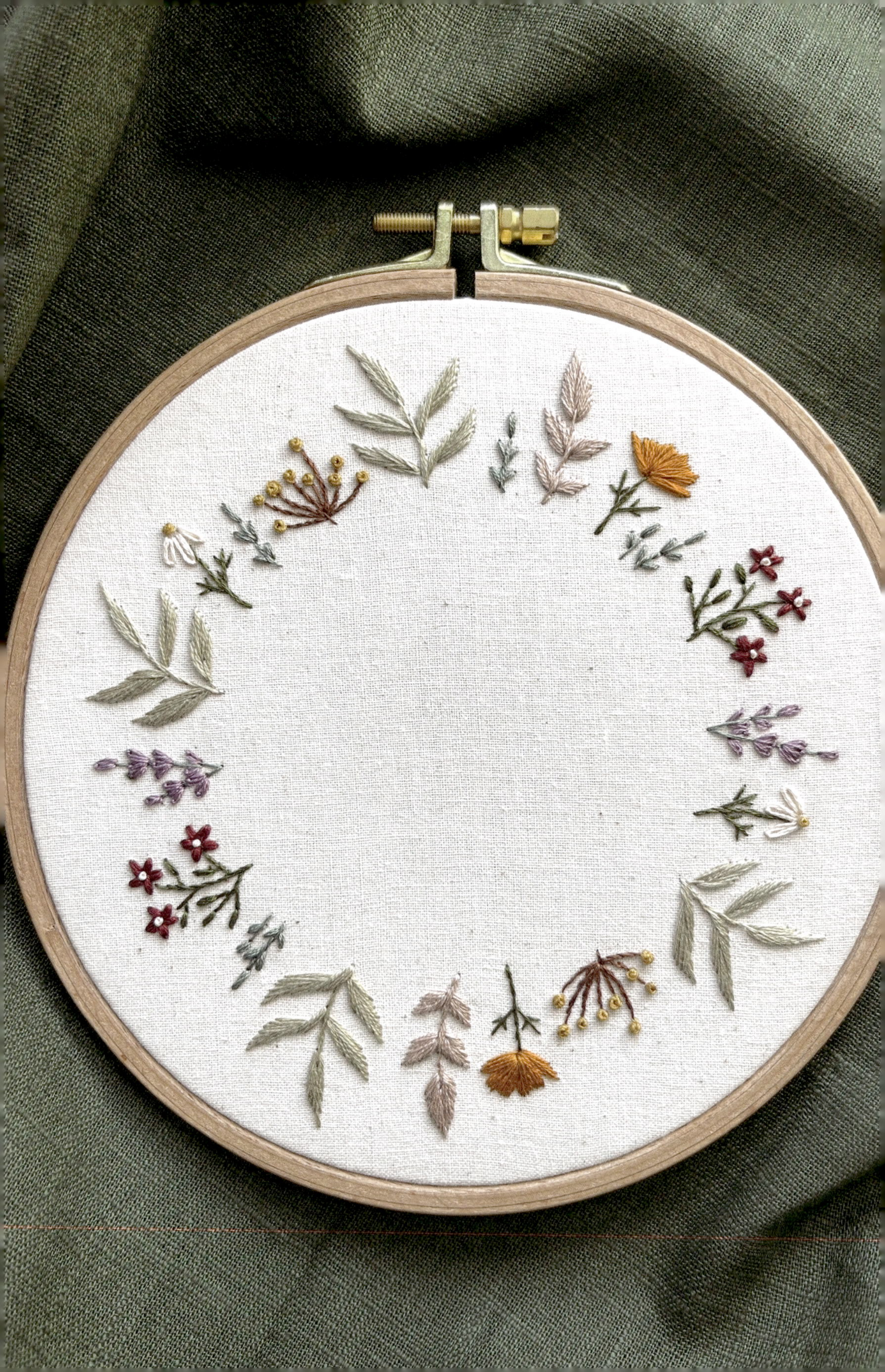

BLUMENKRANZ

„Die Blumen des Frühlings sind die Träume des Winters“

Schwierigkeitsgrad
ANSPRUCHSVOLL

Material

- spitze Sticknadel
- Schere
- Stickvlies und/oder Hitzestift zum Übertragen des Stickmotivs
- Stickrahmen, 16 cm ø
- Nesselstoff natur, 25 x 25 cm
- Sticktwist von Anchor in den Farben Goldgrün (853), Gold (308), Curry (907), Tabakbraun (358), Altrot (897) und Tundra dunkel (681)
- Sticktwist von Rico in den Farben Beige (227), Schilf (215), Aubergine (95), Rosenholz (251) und Graugrün (183)
- Vorlage auf Seite 88

Verwendete Stickstiche

- Grätenstich (3-fädig)
- Plattstich (2- und 3-fädig)
- Stielstich (2-fädig)
- Knötchenstich (3-fädig, mit 1 und 3 Umwicklungen)
- Geradstich (2-fädig)
- Margeritenstich (3-fädig)

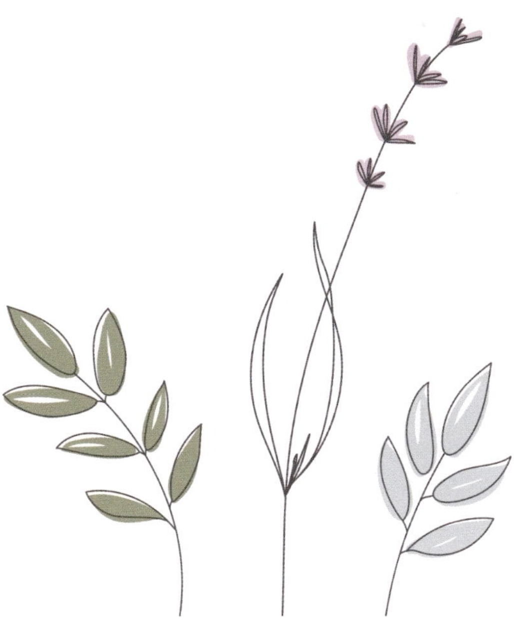

BLUMENKRANZ

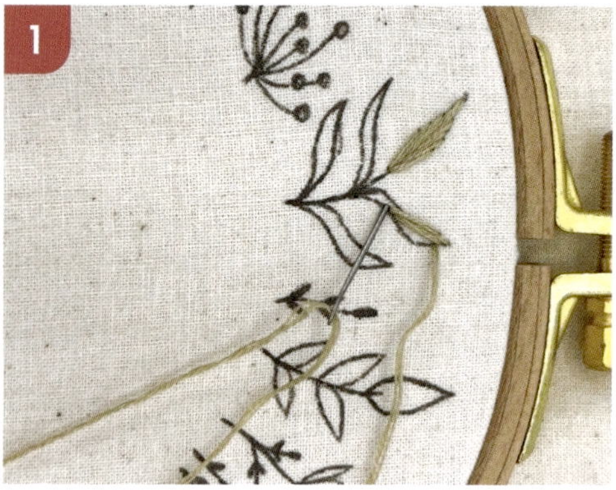

Mit den spitzen, geschwungenen Blättern beginnen und diese mit dem Grätenstich und 3 Fäden in Goldgrün sticken.

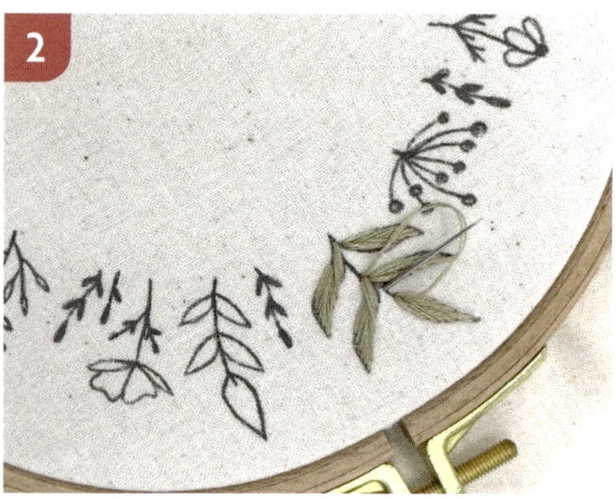

Mit 2 Fäden derselben Farbe den Stiel des Blatts mit dem Stielstich sticken.

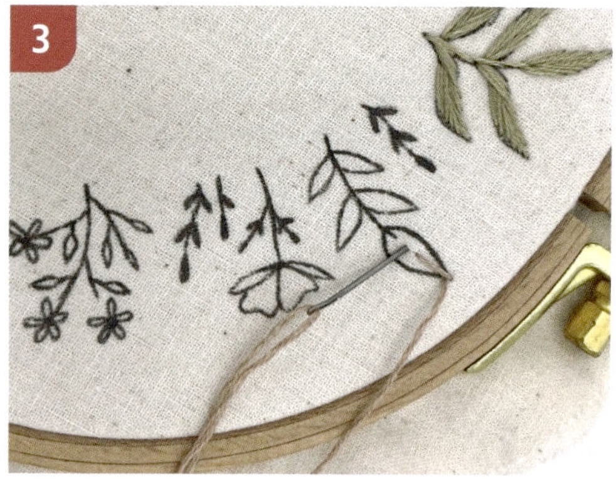

Nun mit Beige den ovalen Blätterzweig arbeiten. Das Blatt ebenfalls mit dem Grätenstich und 3 Fäden sticken.

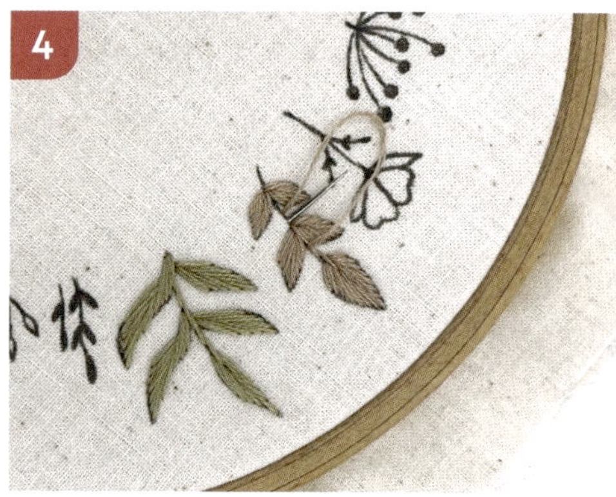

Mit 2 Fäden derselben Farbe den Stiel mit dem Stielstich sticken.

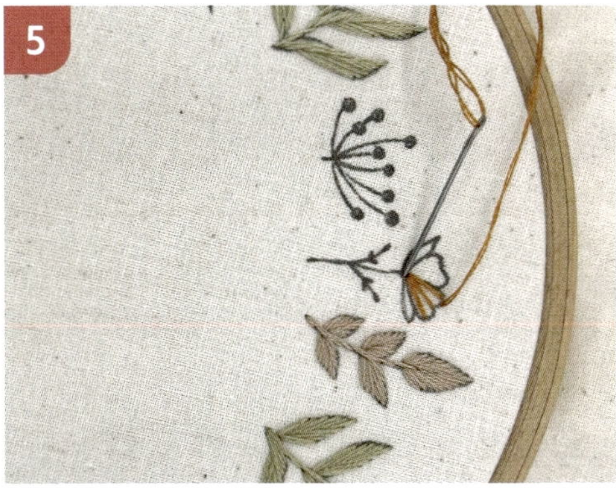

Nun die erste Blume arbeiten. Die Blütenblätter mit einem 2-fädigen Plattstich in Gold sticken. Für ein sauberes Stickbild zunächst Hilfslinien setzen und dann die Blüte nach und nach ausfüllen.

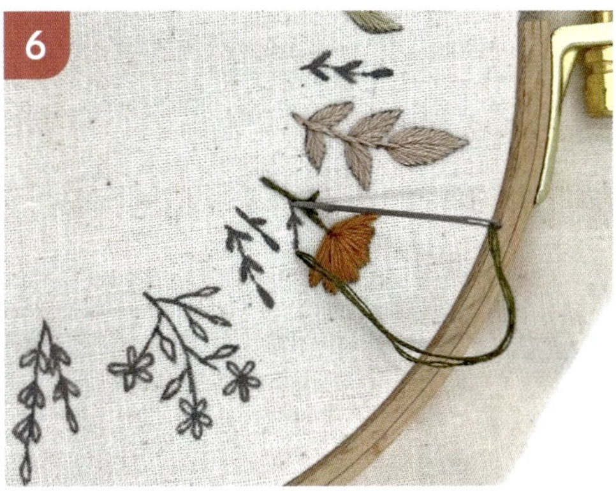

Jeweils mit 2 Fäden in Schilf den Stiel mit dem Stielstich und die Abzweigungen am Stiel mit dem Geradstich sticken.

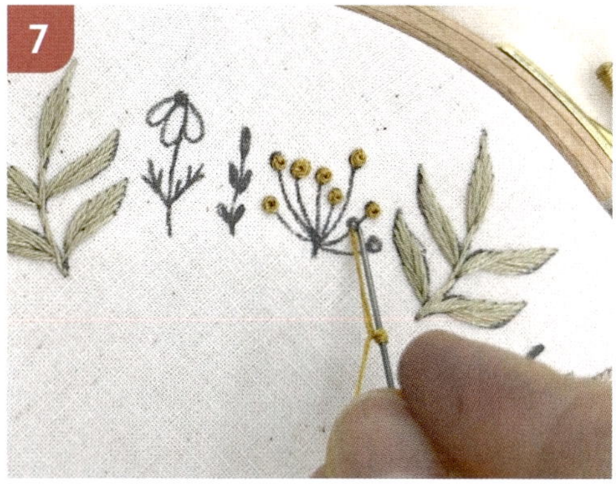

Anschließend den Zweig mit den Knospen arbeiten. Dafür die Knospen mit 3 Fäden in Curry mit dem Knötchenstich sticken und dabei das Garn 3-mal um die Nadel wickeln.

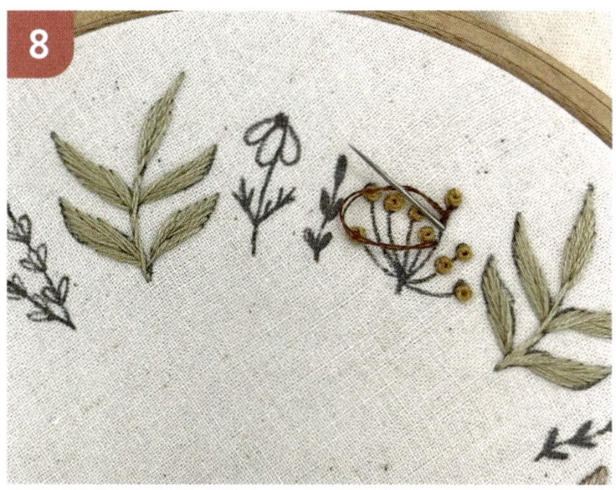

Die zugehörigen Zweige mit einem 2-fädigen Stielstich in Tabakbraun sticken.

BLUMENKRANZ

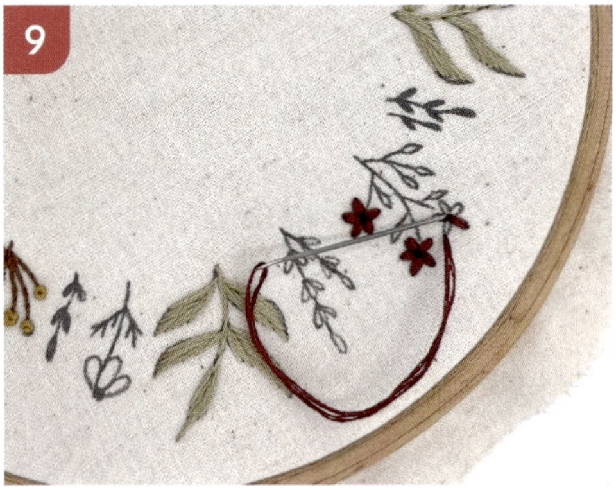

Nun mit den kleinen Blumen fortfahren und die Blütenblätter mit dem Plattstich und 3 Fäden in Altrot sticken. Die Blütenmitte mit dem Knötchenstich und 3 Fäden in Rosenholz ausfüllen, dabei das Garn 1-mal um die Nadel wickeln.

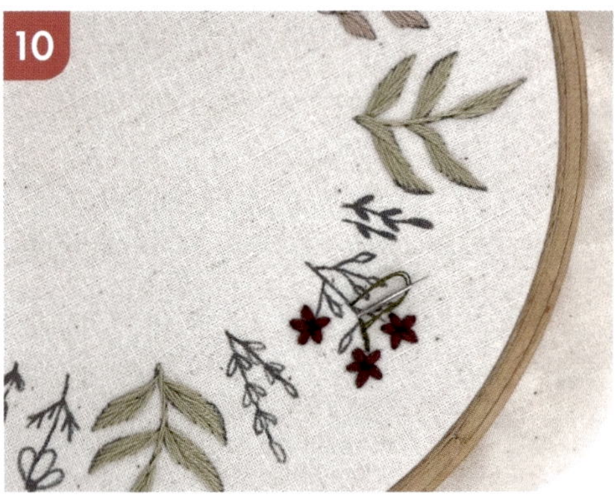

Mit 2 Fäden in Schilf den zugehörigen Stiel mit dem Stielstich und die kleinen Blätter mit dem Plattstich sticken.

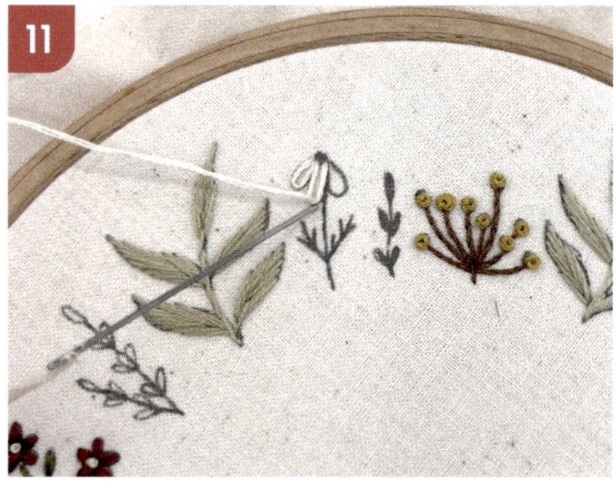

Als Nächstes die Margeriten arbeiten, dafür den Margeritenstich mit 3 Fäden in Rosenholz sticken.

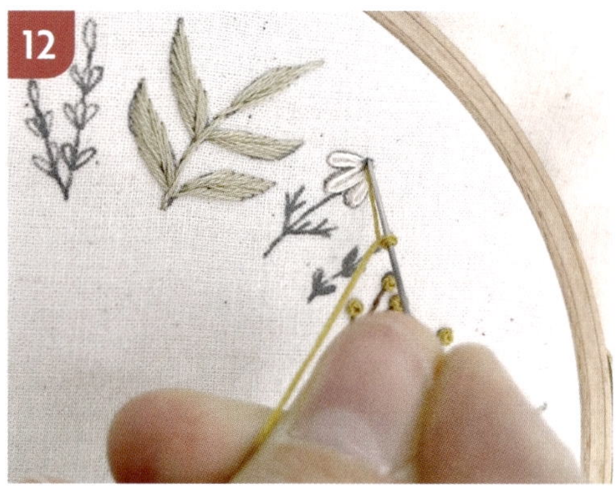

Die Blütenmitte mit dem Knötchenstich und 3 Fäden in Curry sticken, dafür das Garn 3-mal um die Nadel wickeln.

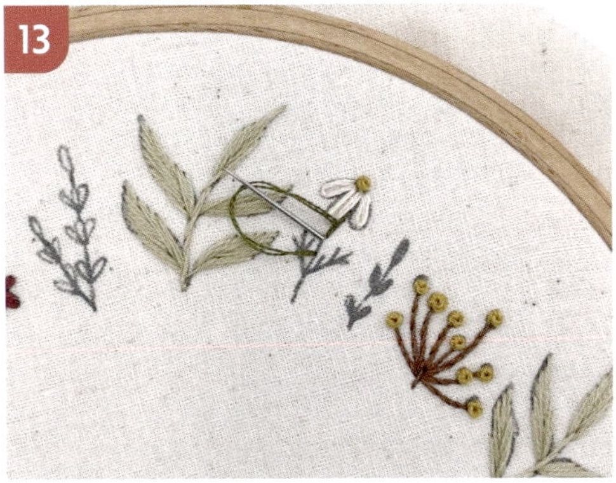

Mit 2 Fäden in Tundra dunkel den Margeritenstiel mit dem Stielstich und die kleinen Zweige mit dem Geradstich aufsticken.

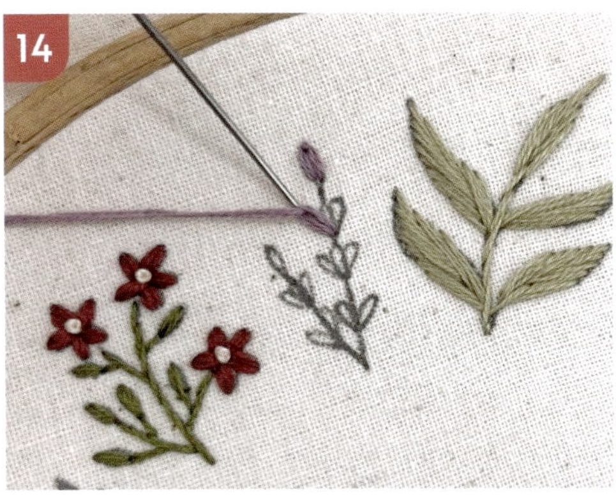

Anschließend den Lavendel arbeiten und zunächst die Knospen mit dem Margeritenstich und 3 Fäden in Aubergine sticken.

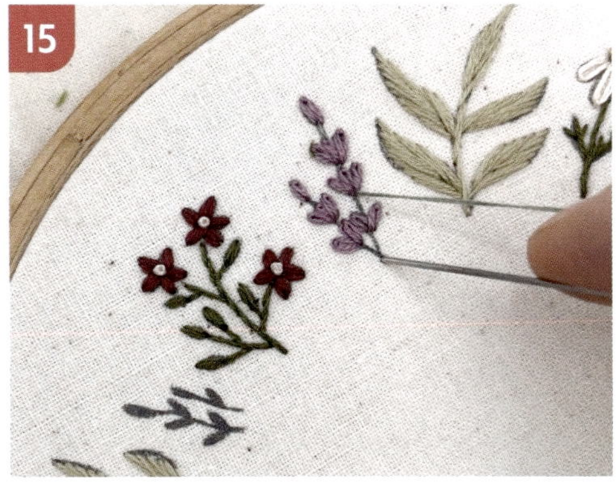

Den Lavendelstiel mit einem 2-fädigen Geradstich in Tundra dunkel sticken.

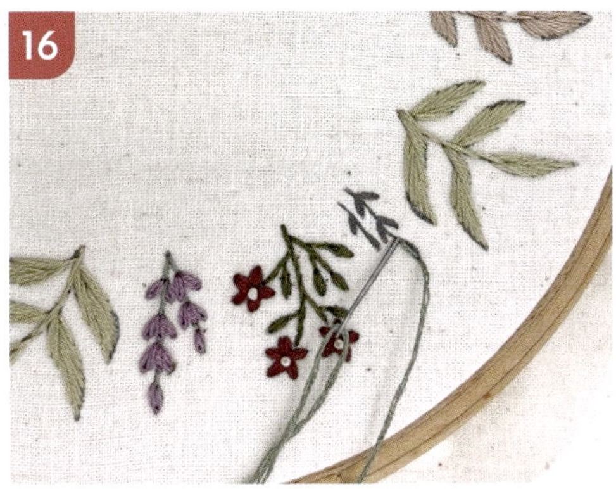

Als Letztes in Graugrün die Blätter der kleinen Blätterzweige mit dem Plattstich und 3 Fäden, den zugehörigen Stiel mit dem Stielstich und 2 Fäden sticken.

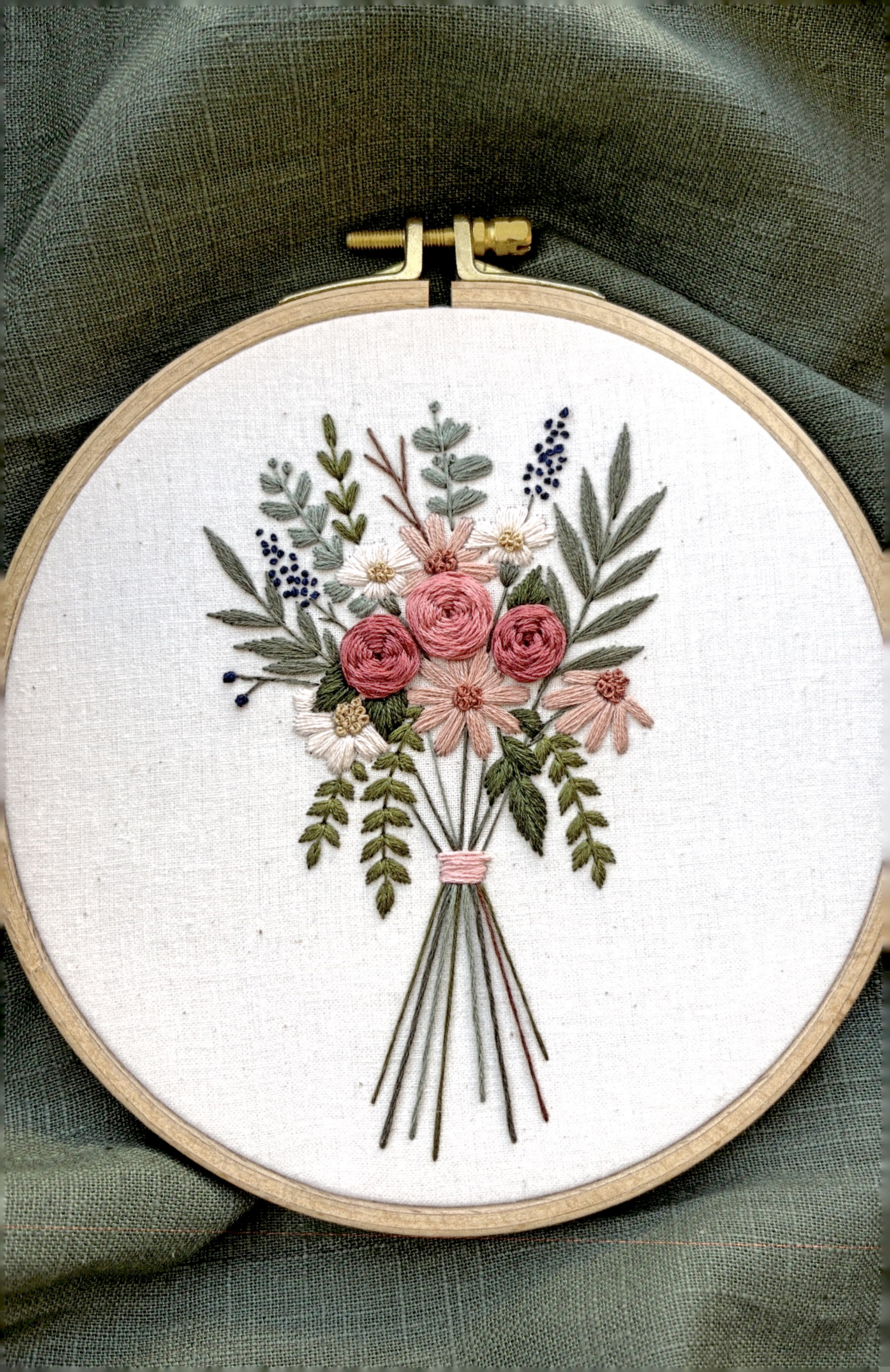

BLUMENSTRAUSS

„Be like a flower and turn your face to the sun!"

Schwierigkeitsgrad
ANSPRUCHSVOLL

Material

- spitze Sticknadel
- Schere
- Stickvlies und/oder Hitzestift zum Übertragen des Stickmotivs
- Stickrahmen, 16 cm ø
- Nesselstoff natur, 25 x 25 cm
- Sticktwist von Anchor in den Farben Tundra dunkel (681), Granat dunkel (896), Eukalyptus (860), Rubinrot dunkel (44), Dunkeloliv (924), Tabakbraun (358), Beige (933), Kork (943) und Moorgrün (846)
- Sticktwist von Rico in den Farben Rotbraun (248), Rotbraun (249), Altrosa hell (44), Altrosa (45) und Blau (125)
- Vorlage auf Seite 89

Verwendete Stickstiche

- Webrosenstich (6-fädig)
- Grätenstich (6- und 3-fädig)
- Knötchenstich (2-fädig, mit 1 und 2 Umwicklungen; 3-fädig, mit 2 Umwicklungen)
- Geradstich (2-fädig)
- Plattstich (3-fädig)
- Stielstich (2-fädig)

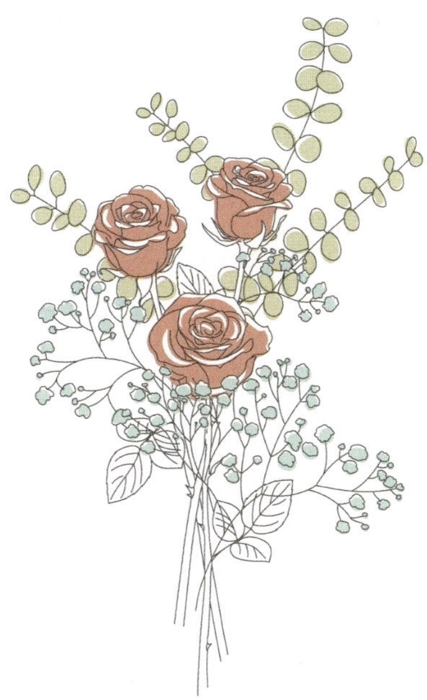

BLUMENSTRAUSS

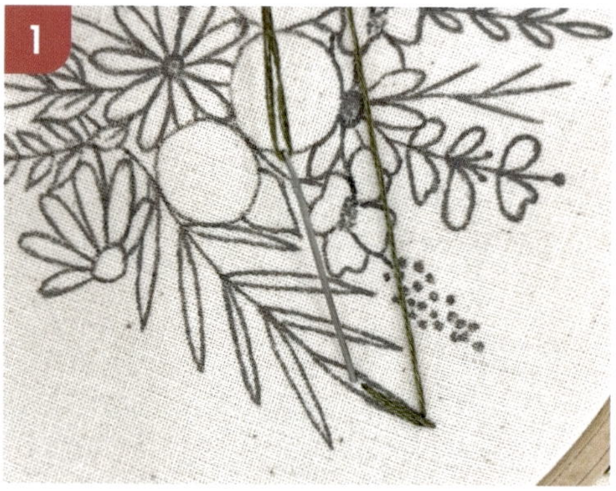

Zunächst in Tundra dunkel die spitzen Blätter mit einem 3-fädigen Grätenstich sticken.

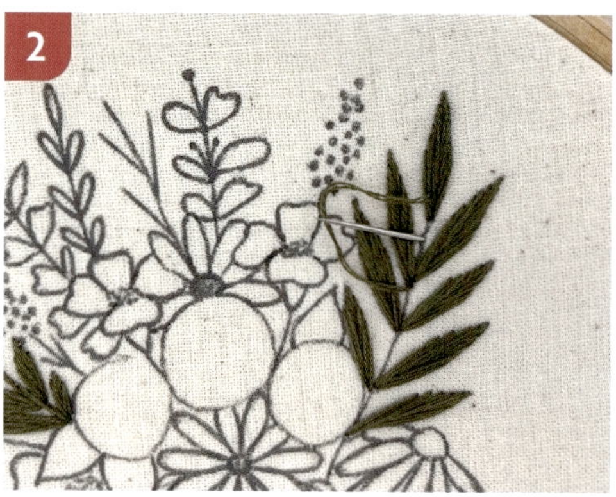

Den Stiel mit einem 2-fädigen Stielstich in der gleichen Farbe sticken.

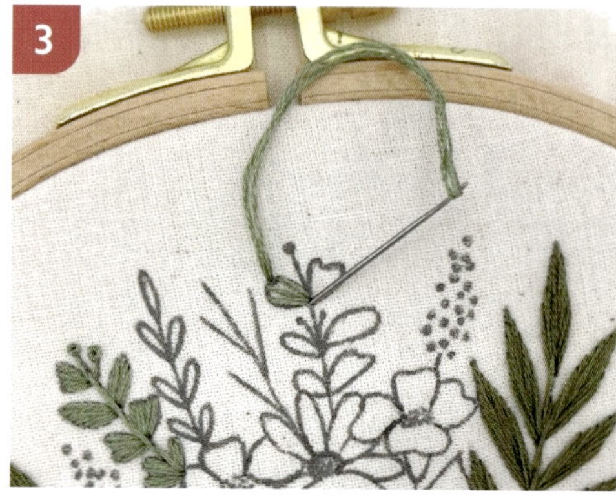

Dann in Eukalyptus fortfahren und den Eukalyptus arbeiten. Die Blätter mit dem Plattstich und 3 Fäden sticken. Den Stiel mit einem 2-fädigen Stielstich sticken. Das kleine Knötchen am Ende des Eukalyptuszweigs mit dem Knötchenstich und 2 Fäden arbeiten, dabei den Faden 2-mal um die Nadel wickeln.

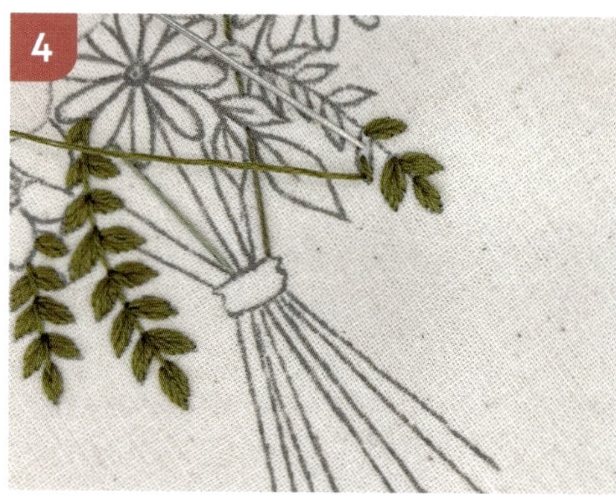

Jetzt die nach unten hängenden Blätterranken arbeiten. Die Blätter mit einem 3-fädigen Grätenstich in Dunkeloliv, den Stiel in derselben Farbe mit einem 2-fädigen Stielstich sticken.

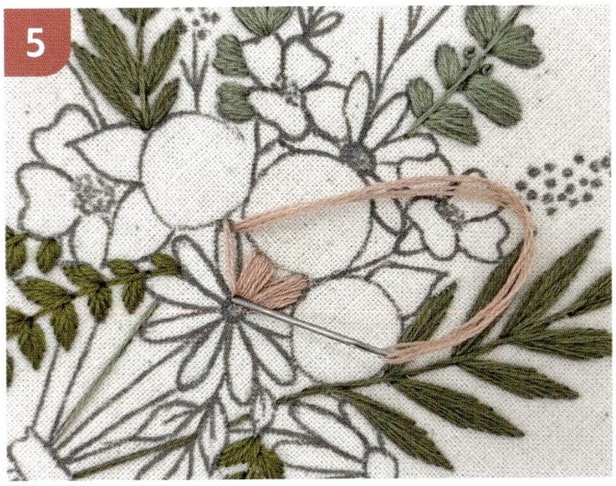

Als Nächstes die großen Blumen sticken und die Blütenblätter mit einem 3-fädigen Plattstich in Rotbraun (Fb. 248) arbeiten.

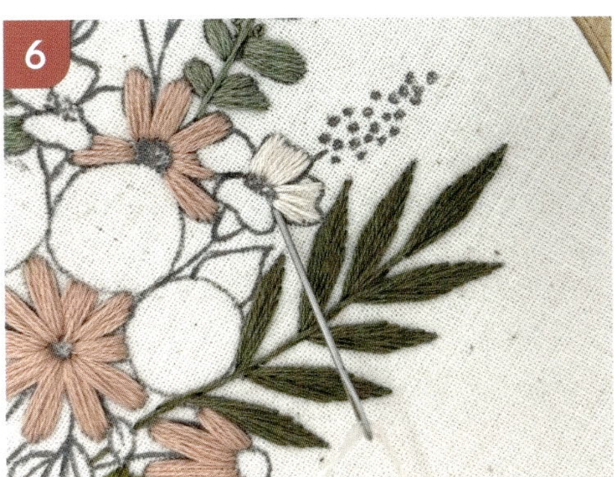

Die Blütenblätter der kleinen Blumen in Beige ebenfalls mit einem 3-fädigen Plattstich sticken.

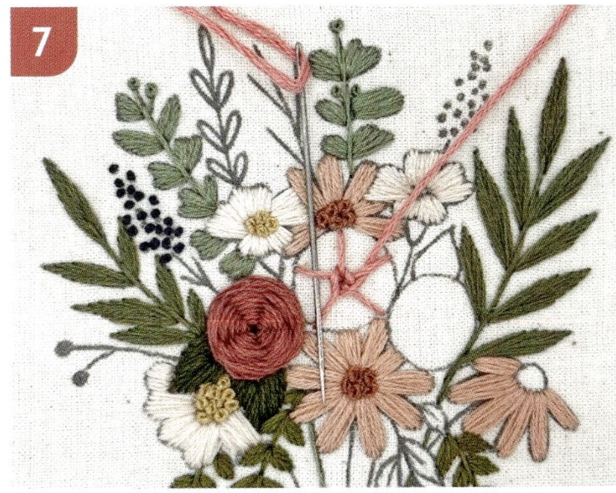

Nun mit den drei Rosen fortfahren, sie werden in den Farben Altrosa und Granat dunkel jeweils mit dem Webrosenstich und 6 Fäden gearbeitet.

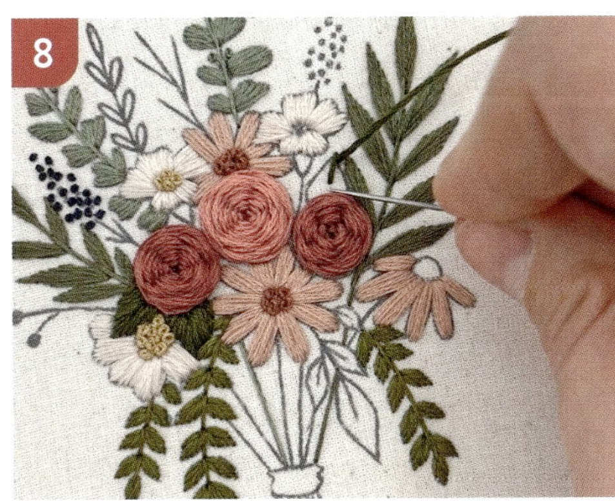

Die Rosenblätter mit dem Grätenstich und 6 Fäden in Moorgrün sticken.

BLUMENSTRAUSS

9

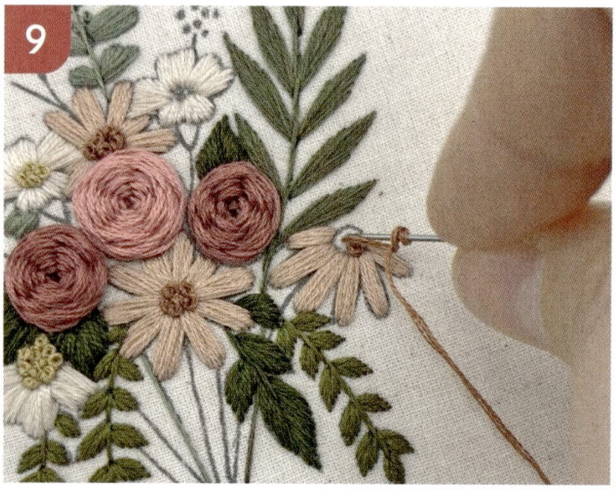

Die Blütenmitte der großen Blume mit dem Knötchenstich und 3 Fäden in Rotbraun (Fb. 249) sticken, dabei das Garn 2-mal um die Nadel wickeln.

10

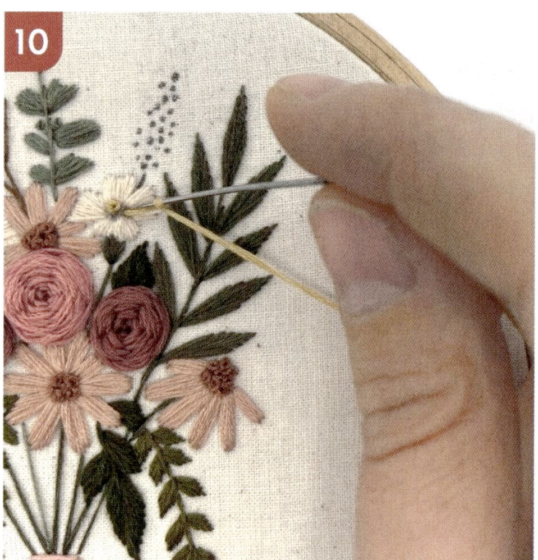

Die Blütenmitte der kleinen Blume mit dem Knötchenstich und 3 Fäden in der Farbe Kork sticken, dabei das Garn 2-mal um die Nadel wickeln.

11

Anschließend die Knospenzweige sticken. Die Knospen mit 2 Fäden in Blau mit dem Knötchenstich arbeiten, dabei das Garn nur 1-mal um die Nadel wickeln. Die kurzen Stiele mit einem 2-fädigen Geradstich in Eukalyptus sticken.

12

Die Blätter an dem noch nicht gestickten Zweig mit einem 3-fädigen Plattstich in Dunkeloliv und den Zweig mit einem 2-fädigen Stielstich in Dunkeloliv sticken. Den blattlosen Zweig mit einem 2-fädigen Geradstich in Tabakbraun arbeiten.

13

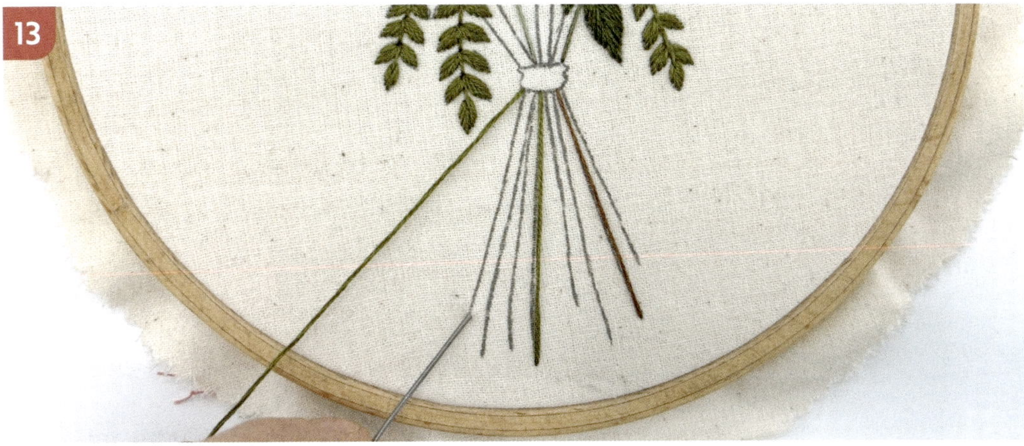

Alle übrigen Blumenstiele und kleinen Details innerhalb des Straußes in verschiedenen Grüntönen (Tundra dunkel, Eukalyptus, Dunkeloliv, Moorgrün sowie Tabakbraun für den Zweig) mit 2 Fäden und dem Stielstich oder dem Geradstich arbeiten. Die Blumenstiele unterhalb des Straußes mit dem Geradstich und 6 Fäden arbeiten. Auch hierfür wieder die unterschiedlichen Grüntöne verwenden.

14

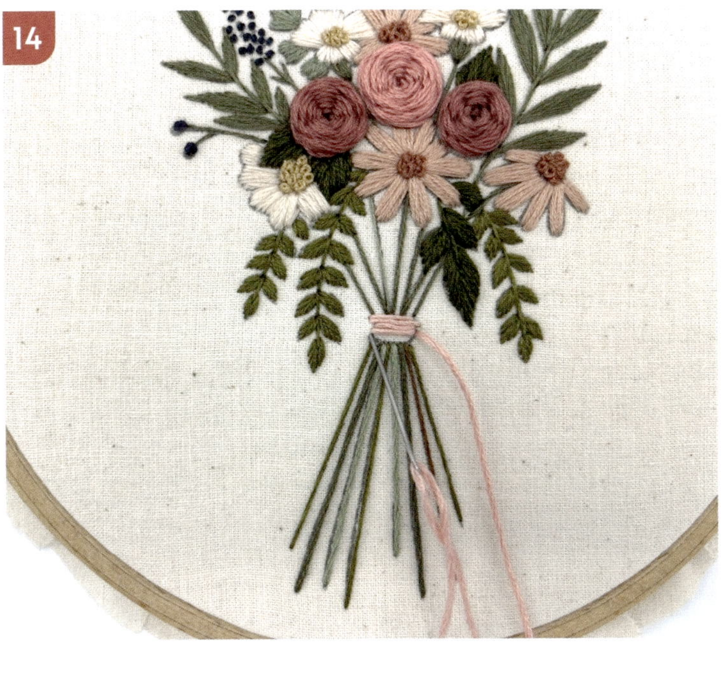

Zum Schluss das Band, mit dem der Strauß zusammengehalten wird, mit einem waagerecht verlaufenden Plattstich und 6 Fäden in Altrosa hell sticken.

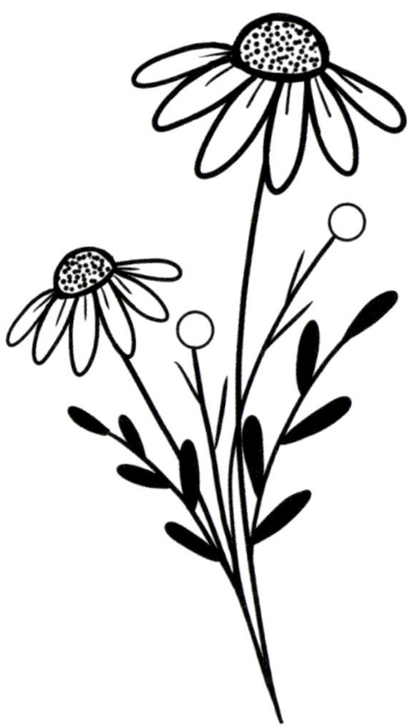

Margeriten-Duo Seite 21

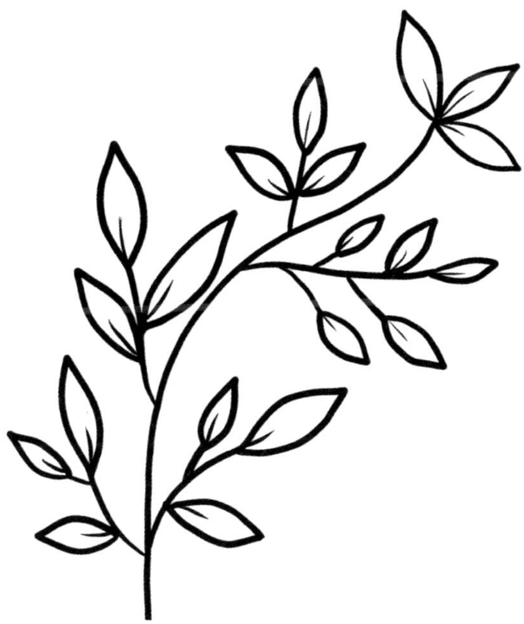

Stickbild Blätterranke Seite 25

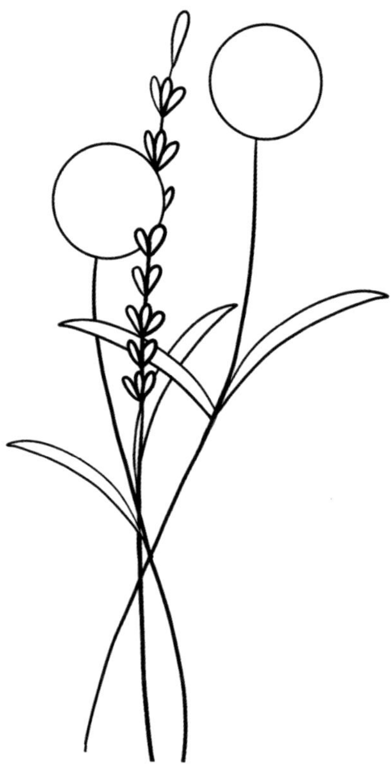

Craspedia & Lavendel Seite 29

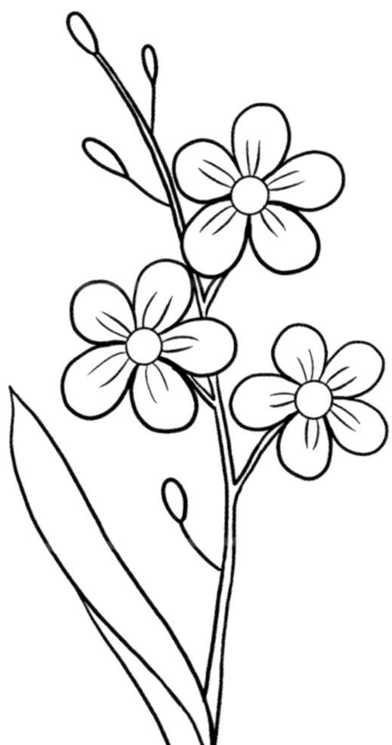

Vergissmeinnicht Seite 33

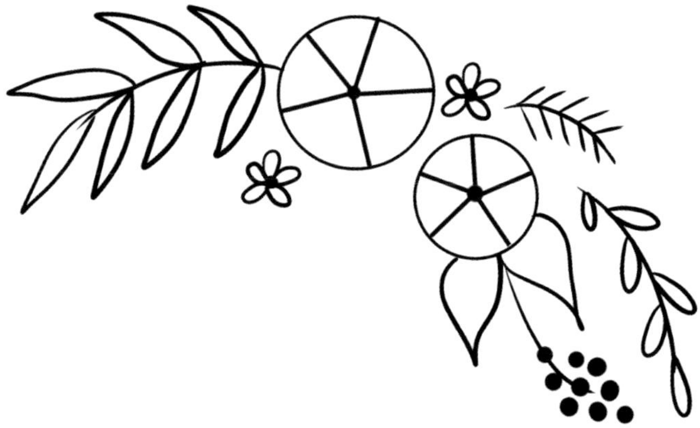

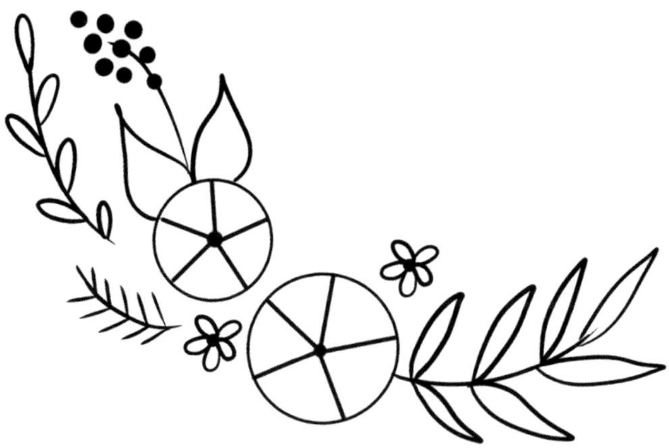

Rosenarrangement Seite 37

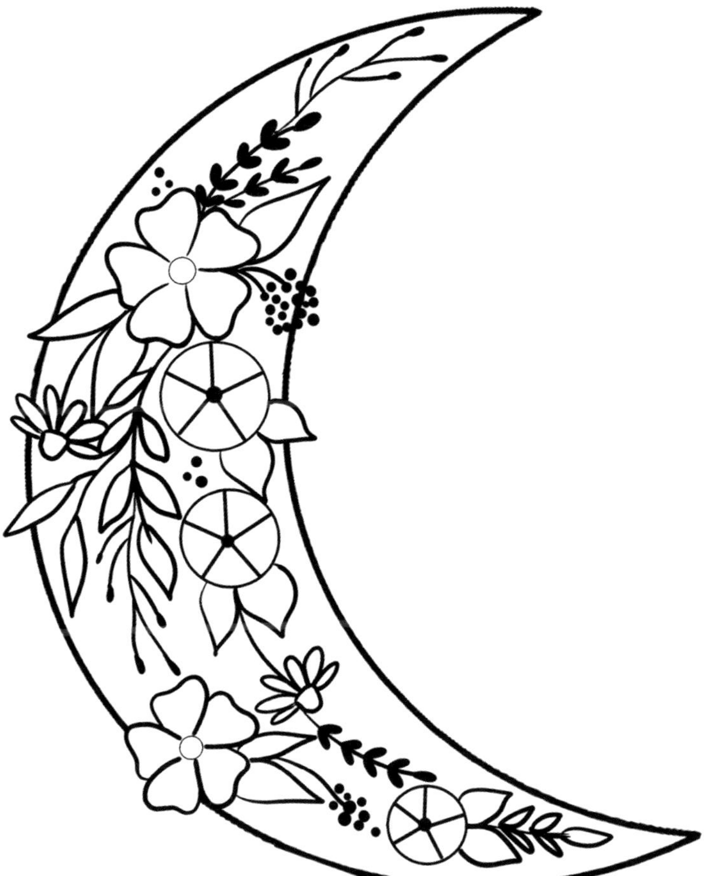

Blütenmond Seite 41

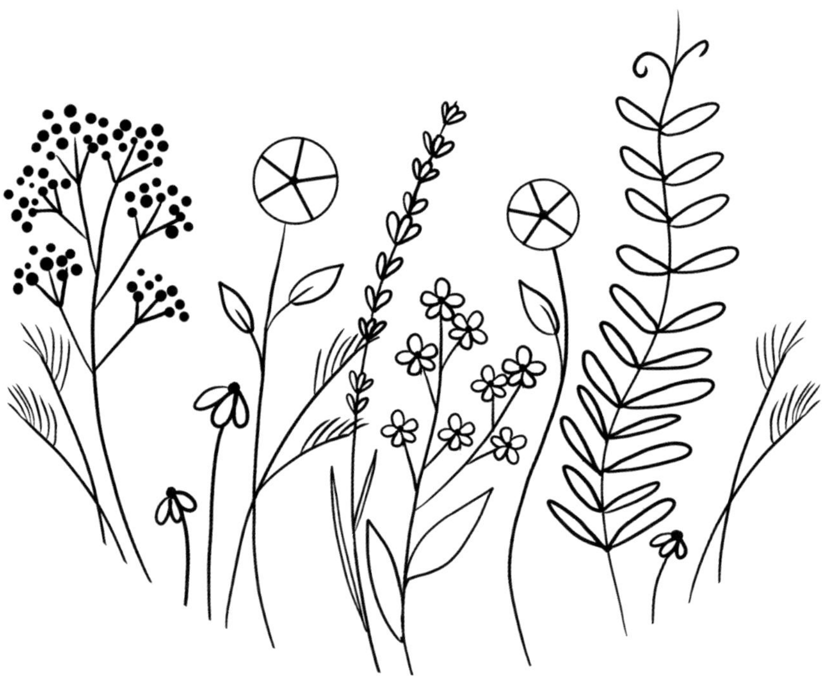

Wiesenblumen Seite 47

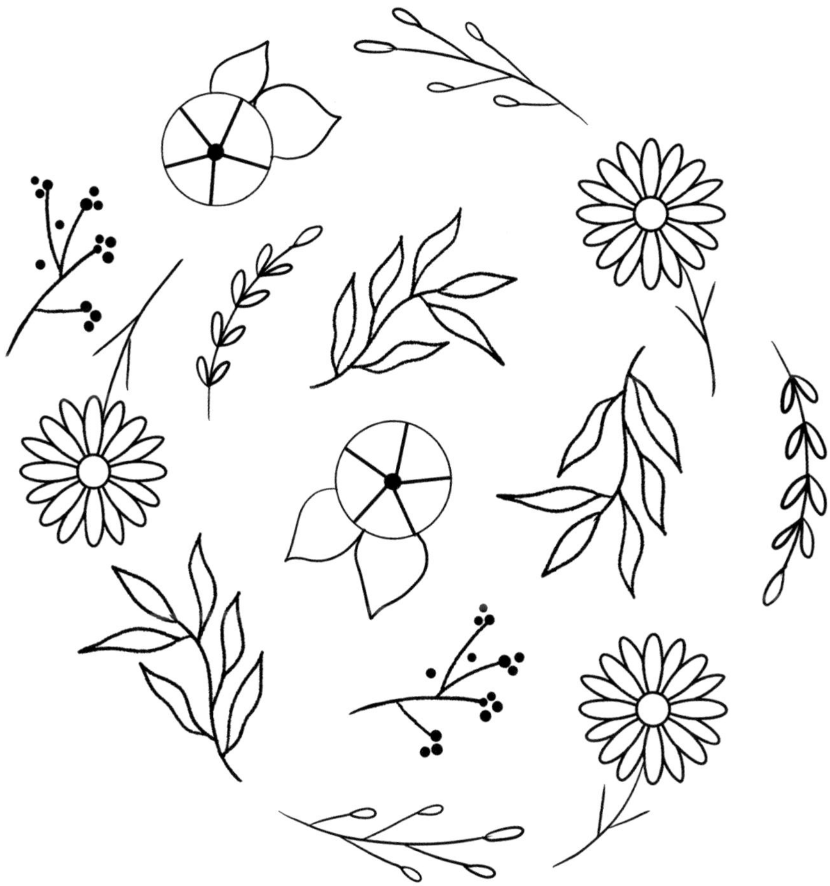

Florales Mandala Seite 53

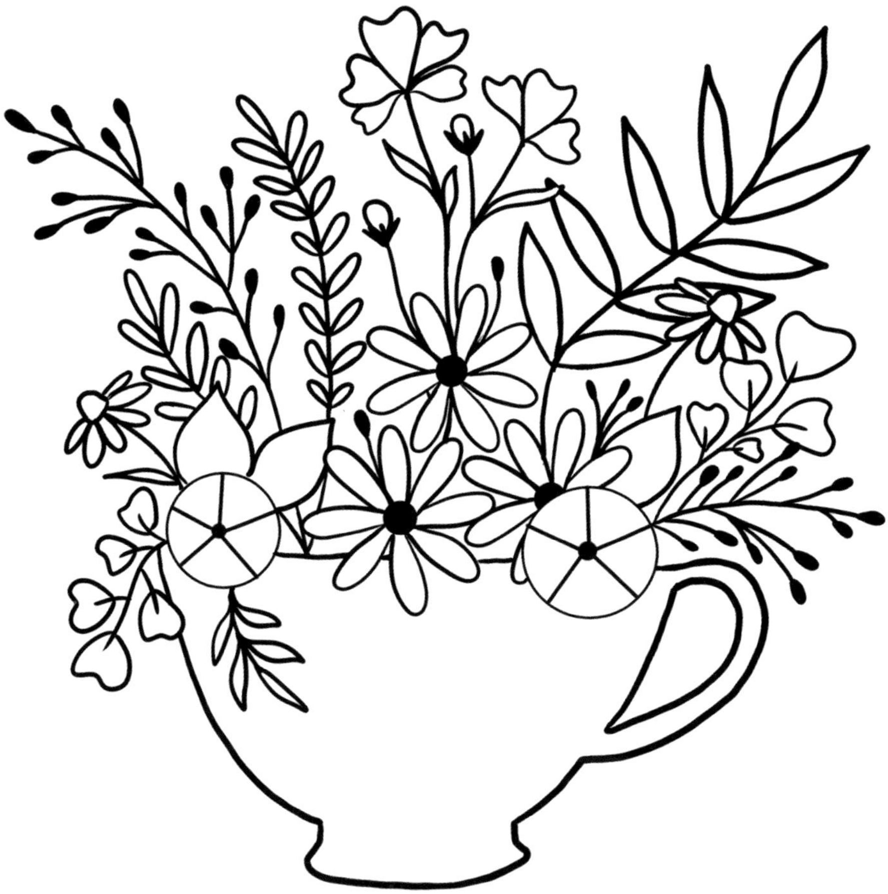

Tasse mit Blumen Seite 57

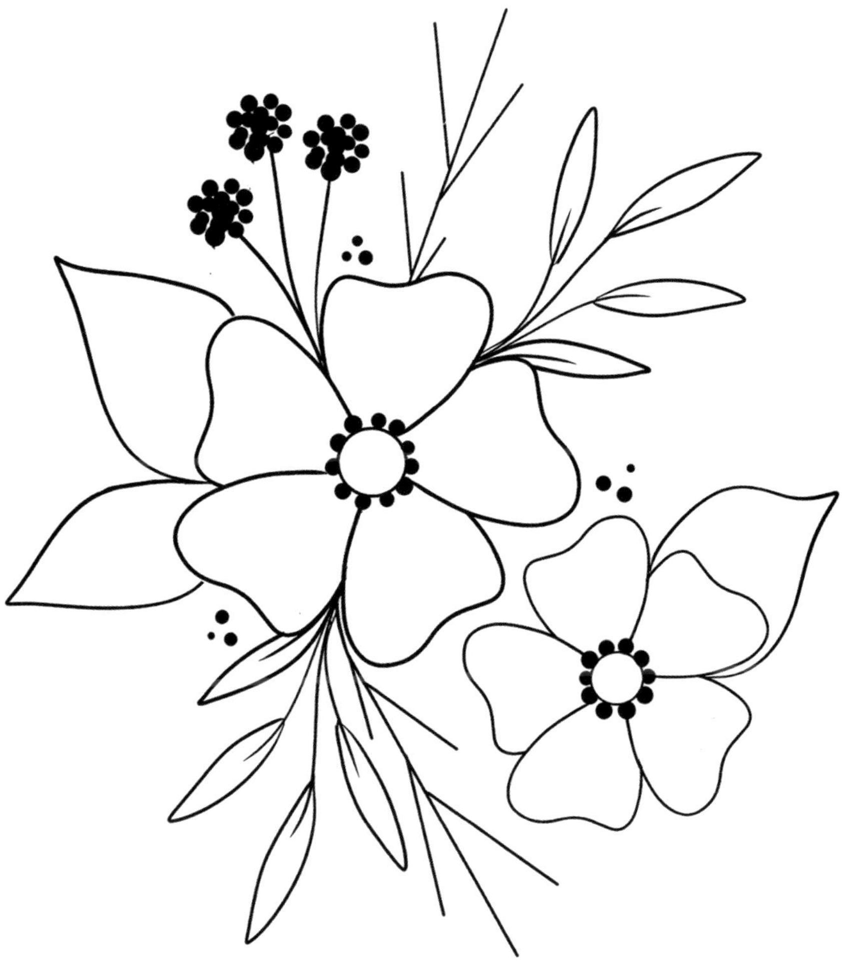

Blüten in Rosé Seite 63

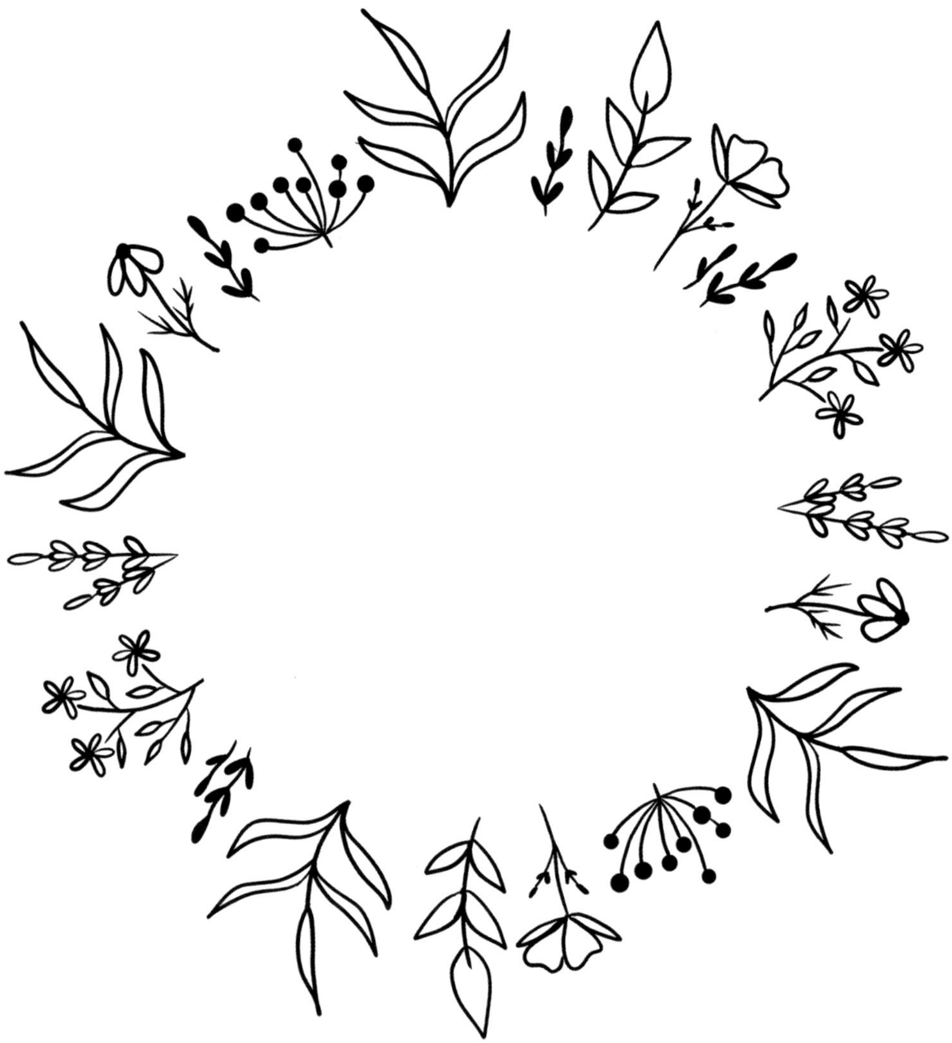

Blumenkranz Seite 67

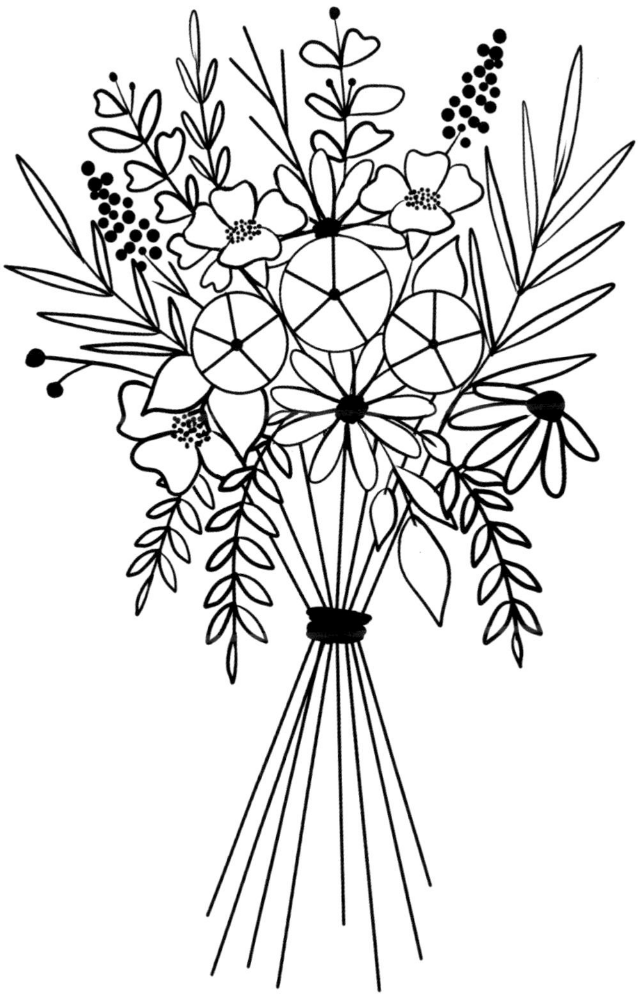

Blumenstrauß Seite 73

DANKSAGUNG

Ich danke vor allem meinem Mann, der mir stets den Rücken gestärkt hat, damit ich dieses Buch trotz des anstrengenden Alltags mit zwei Kids und Job umsetzen konnte. Ebenso geht ein großes Danke an meine Eltern, die als Oma und Opa immer eingesprungen sind, wenn es nötig war. Durch diesen großartigen Familienzusammenhalt konnte ich dieses einzigartige Buchprojekt bestmöglich umsetzen.

Natürlich wäre das nicht ohne den Christophorus Verlag möglich gewesen. Danke für euer Vertrauen in mich und meine Kreativität.

BEZUGSQUELLEN

Prym Akademie
Finkensiefstraße 5
52223 Stolberg
Stickgarn von Anchor, Sticknadeln

www.der-stoff.de
Stoff, Stickvlies

www.junghanswolle.de
Stickgarn von Rico, Rundschneider, Rollschneider, Pappe

www.snaply.de
Stickrahmen

www.amazon.de
Schere, Stoffkleber, Kreisschablone, Frixion, Hitzestift, Lightpad

IMPRESSUM

Autorin: Christiane Mika-Lahme
Fotos & Styling: Christiane Mika-Lahme
Projektmanagement & Lektorat:
Katrin Korch
Redaktion: Lena Denu
Korrektorat: Judith Bingel
Umschlaggestaltung: Regina Degenkolbe
Zeichnungen Stickstiche: Louise Lemke
Satz: Silke Schüler
Repro: LUDWIG:media
Herstellung: Julia Hegele
Printed in Poland by CGS Printing

★★★★★

Sind Sie mit diesem Titel zufrieden? Dann würden wir uns über Ihre Weiterempfehlung freuen. Erzählen Sie es im Freundeskreis, berichten Sie Ihrem Buchhändler oder bewerten Sie beim Onlinekauf. Und wenn Sie Kritik, Korrekturen oder Aktualisierungen haben, freuen wir uns über Ihre Nachricht an Christophorus Verlag, Postfach 40 02 09, D-80702 München oder per E-Mail an lektorat@verlagshaus.de.

Unser komplettes Programm finden Sie unter

www.christophorus-verlag.de

Die Deutsche Nationalbibliothek verzeichnet diese Publikation in der Deutschen Nationalbibliografie; detaillierte bibliografische Daten sind im Internet über www.dnb.de abrufbar.

ISBN 978-3-8410-6762-3

Kreativ-Service

Sie haben Fragen zu unseren Büchern und Materialien? Wir beraten Sie gern rund um alle Kreativthemen. Rufen Sie uns einfach an. Wir interessieren uns auch für Ihre eigenen Ideen und Anregungen. Sie erreichen uns per E-Mail kreativ-service@c-verlag.de oder unter der Telefonnummer 0049-89-1306 99 577.

Besuchen Sie uns im Internet: www.christophorus-verlag.de & www.selbstgemacht.de

Ebenfalls erhältlich ...

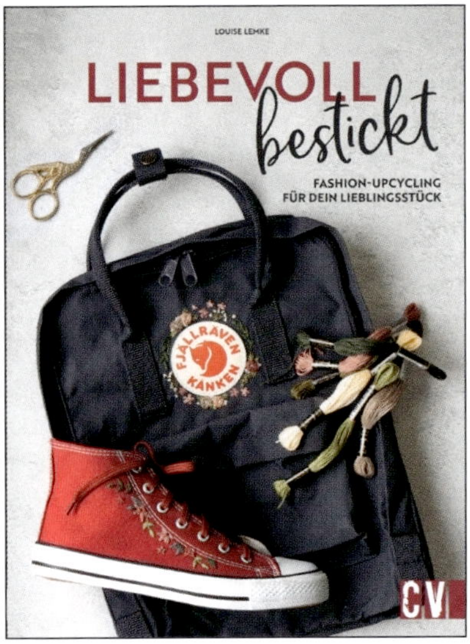

ISBN 978-3-8410-6697-8

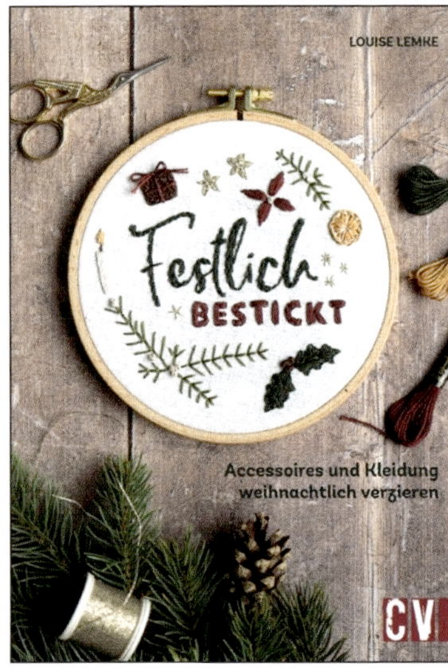

ISBN 978-3-8410-6727-2

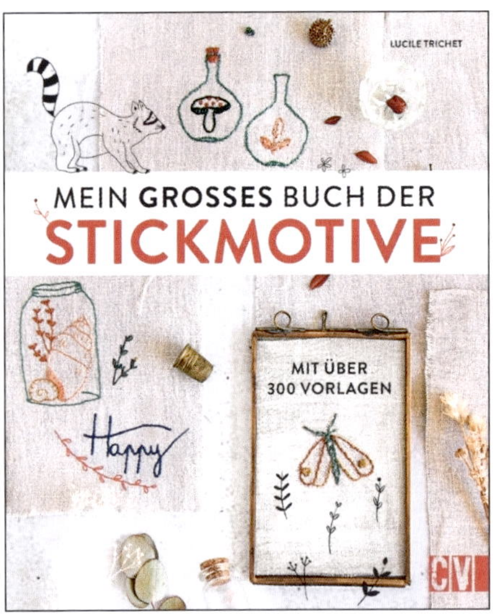

ISBN 978-3-8410-6555-1

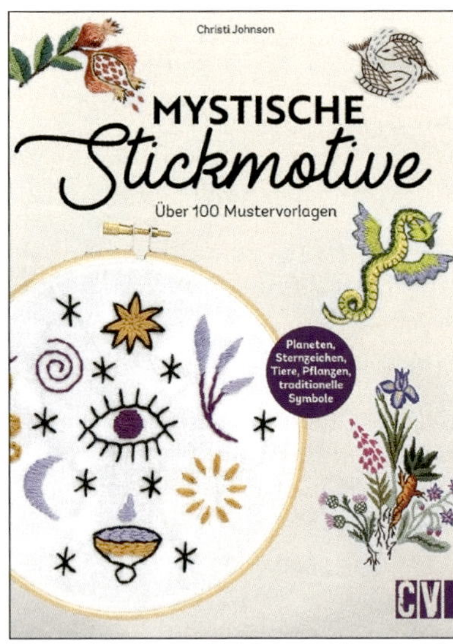

ISBN 978-3-8410-6684-8